大展好書　好書大展
品嘗好書　冠群可期

大展好書　好書大展
品嘗好書·　冠群可期

巴西
Brazilian Jiu-Jitsu

柔術

Brazilian Jiu-Jitsu

以小搏大

以柔克剛

以弱勝強

　　那些希望尋求一種真正有效的自衛武術的人們，
可以在巴西柔術中找到最簡捷的答案。

前　言

　　自 1993 年 11 月 12 日美國丹佛市舉辦 UFC1（首屆終極格鬥賽）開始，"Brazilian Jiu-Jitsu"這個英文片語便開始被全世界格鬥愛好者所矚目，它就是如今風靡全球的巴西柔術（簡稱BJJ）。

　　二十多年來，巴西柔術以它傲人的戰績征服了觀眾們的眼球，也征服了格鬥愛好者的心。巴西柔術以它獨有的「以小搏大」「以柔克剛」「以弱勝強」的技術特色，享譽全球，蜚聲武林。

　　巴西柔術教練會告訴每一位剛開始學習這門技術的人，這是世界上最實用、最有效的格鬥體系之一。但是，經過一段時間的學習和訓練之後，習練者會發現，巴西柔術不僅僅是一種可以有效保護自己的自衛防身術，而且還為習練者提供了更多有益的東西。

　　習練者透過千百次重複練習技術動作，形成條件反射，在提高自衛防身能力的同時，柔術訓練還會幫助習練者強健肌肉、增強體力，改善身體靈活性、協調性和肢體的柔韌度，提高應變能力和反應能力。

　　習練巴西柔術可以增強人的自信心，鍛鍊謙虛和忍耐的品質，塑造自愛、自重的品格，培養創造性思維。

　　本書從不同角度為大家介紹了巴西柔術的基礎技術、控制技術、降服策略、逃脫方法，圖文並茂地為廣大武術格鬥愛好者揭開了這項兇狠而實用的格鬥體系的神秘面紗。

　　練習巴西柔術，不分男女老幼。希望透過本書，能夠幫助大家輕鬆認識巴西柔術，對這項來自異域的格鬥運動有一個大概的瞭解。在掌握一門自衛防身技能的同時，增強身體素質，提高道德修為。

目　錄

第一章　巴西柔術簡介 ···9

　　第一節　巴西柔術的起源與發展 ··························10

　　第二節　巴西柔術的技術特點與格鬥理念 ··········14

　　第三節　巴西柔術的段帶與級別劃分 ·················18

第二章　投摔攻防技術 ···23

　　第一節　抱雙腿摔攻防技術 ······························24

　　第二節　抱單腿摔攻防技術 ······························28

　　第三節　熊抱摔攻防技術 ··································32

第三章　騎乘位攻防技術 ···41

　　第一節　騎乘勢基本技術 ··································42

　　第二節　由騎乘勢展開的降服技術 ·····················50

　　第三節　被騎乘後的逃脫與反制 ·······················58

第四章　封閉式防守攻防技術 ·······································73

　　第一節　封閉式防守基本技術 ···························74

第二節　由封閉式防守下位展開的降服技術‥‥‥‥86

第三節　由封閉式防守下位實施的掃技‥‥‥‥‥98

第四節　突破封閉式防守的過腿技術‥‥‥‥‥‥106

第五章　半防守攻防技術‥‥‥‥‥‥‥‥‥117

第一節　半防守上位技術‥‥‥‥‥‥‥‥‥‥118

第二節　半防守下位技術‥‥‥‥‥‥‥‥‥‥132

第六章　側控位攻防技術‥‥‥‥‥‥‥‥‥145

第一節　側控上位基本技術‥‥‥‥‥‥‥‥‥146

第二節　由側控上位展開的降服技術‥‥‥‥‥155

第三節　側控下位逃脫技術‥‥‥‥‥‥‥‥‥163

第七章　後背位攻防技術‥‥‥‥‥‥‥‥‥173

第一節　後背位基本技術‥‥‥‥‥‥‥‥‥‥174

第二節　如何獲取後背位優勢位置‥‥‥‥‥‥178

第三節　由後背位展開的裸絞降服技術‥‥‥‥185

第四節　逃脫後背位控制‥‥‥‥‥‥‥‥‥‥193

附錄：巴西柔術常用術語中英文對照表‥‥‥‥‥202

第一章
巴西柔術簡介

巴西柔術（葡萄牙文：Jiu-Jitsu Brasileiro；英文：Brazilian Jiu-Jitsu）是一種以擒技見長，融競技與自衛於一身的綜合格鬥體系。巴西柔術源於日本柔術，由於格雷西家族對巴西柔術體系的完善與發展做出了巨大貢獻，因此大家也習慣地稱之為「格雷西柔術」。

巴西柔術的拼寫是"Jiu-Jitsu"，主要是因為格雷西家族使用這種拼法，而日本柔術的翻譯詞是"Jujutsu"。有趣的是，在巴西沒有「巴西柔術」這個詞時，巴西人只叫它「柔術」。後來是美國人在柔術前加上了「巴西」兩個字，以區分日本的古柔術，這才有了"Brazilian Jiu-Jitsu"這個詞。

以「以柔克剛」「以弱勝強」為戰略指導方針的巴西柔術的出現與發展，為武術界帶來了革命，也因此受到全球武術格鬥愛好者的青睞。那些希望找到一種真正有效的自衛武術的人們，可以在巴西柔術中找到最簡捷的答案。

第一節　巴西柔術的起源與發展

柔術最初起源於日本，在日本傳統上也稱之為「柔」或「體術」，意思是「柔的法則」，它適用於所有日本武術體系，其特點在於格鬥時充分利用槓桿原理，順勢化力，而非與對手抗力、角力。柔術練習者會選擇使用具有靈活性的技術，「最有效地使用心身之力」（嘉納治五郎語），來控制對手或耗盡其體力，最終將其制服。

然而，在古時，日本戰亂頻發，柔術並不是武士們衝鋒陷陣時首選的格鬥術。因為多數武士善用刀劍，並將刀劍術視為最重要的戰鬥手段，故而劍道盛行。

直到德川幕府時期，隨著內戰的結束，柔術才開始真正流行起來。十九世紀以來，柔術已初步形成具有一定派別和體系的徒手格鬥術，習練者用來對付持械或徒手的對手，有些側重於投摔，有些側重於地面扭鬥，有些則重視踢打。據不完全統計，當時日本共有 700 多種柔術門派，可謂風行一時。

1914 年，肩負拓殖巴西使命的柔術大師前田光世，受日本政府委託來到巴西，幫助日本移民建立駐紮地的同時，也將日本柔術一併帶到了巴西。

　　前田光世是日本柔道開山鼻祖嘉納治五郎的高足、日本古傳柔術及講道館的柔術大師，被譽為「格鬥伯爵」。前田光世非常擅鬥，身材雖然矮小，卻技術精湛，而且經常參加各種比賽以求驗證自己的實戰能力，據說他一生中只輸過一次。

　　在巴西工作期間，前田光世結識了有著政治背景的蘇格蘭移民商人卡斯特·格雷西（Carsto Gracie）。由於經濟上經常蒙受卡斯特的資助，出於報答之意，他便投桃報李，將自己掌握的柔術技法悉數傳授給格雷西家族的成員。其中，卡斯特的兒子卡洛斯·格雷西（Carlos Gracie）對於前田光世的柔術尤為感興趣。柔術以柔克剛、以小搏大的特性深深吸引了他，天資聰慧的卡

⬆ 前田光世

洛斯很快便成為前田光世的得意門生。

　　前田光世在巴西的柔術教學時間雖然短暫，但是有著巨大的歷史性意義，他讓柔術這項與巴西本土武術風格截然不同的運動深深地根植在了拉丁美洲這片肥沃的土壤裡。卡洛斯也沒有辜負老師對他的期望，他將柔術傳授給他的兄弟奧斯瓦爾多、卡斯特二世和艾里奧，與家族兄弟們共同推敲、研究技術細節，並逐漸加以改進，使之更適合無規則搏鬥的需求，並在“Vale Tudo”（巴西一種無限制格鬥賽）擂臺上不斷進行實踐，逐漸發展建立了更加實用的屬於自己的柔術體系——巴西柔術。

　　1925 年，格雷西家族在里約熱內盧建立了第一所格雷西柔術學校，在發動鼓勵大批本國民眾踴躍參與此項運動的同時，他們開始向全世界推廣巴西柔術。他們不斷地

⬆ 卡洛斯·格雷西

完善著巴西柔術的技巧和策略，他們組織、參加各種格鬥比賽，他們將巴西柔術運用得淋漓盡致，他們屢屢以矮小瘦弱的身材成功戰勝高大威猛的對手，以傲人的戰績不斷地向世人展示著巴西柔術的魅力。

1993 年，羅瑞恩·格雷西（Rorion Gracie）遷居美國。同樣，他很快就讓美國人也感受到了巴西柔術的魅力，並且將 "Vale Tudo" 這種幾近無規則的比賽形式推廣開來，讓喜歡橄欖球、拳擊賽的美國人們大開了眼界。

羅瑞恩·格雷西發現，這種無限制的格鬥比賽在美國有著巨大的市場潛力和商業前景。於是，在他的不懈推動下，基於 "Vale Tudo" 基本理念的 UFC（終極格鬥冠軍賽，Ultimate Fighting Championship 的縮寫）首秀終於於 1993 年 11 月 12 日在美國丹佛市拉開大幕。

比賽在一個八角鐵籠中進行，規則基本與 "Vale Tudo" 相同，由 Royce Gracie（巴西柔術選手）、Teila Tuli（相撲選手）、Gerard Gordeau（法國踢腿術選手）、Kevin Rosier（自由搏擊選手）、Zane Frazie（空手道選手）、Ken Shamrock（綜合格鬥選手）、Art Jimmerson（拳擊選手）、Pat Smith（跆拳道選手）八種流派的八名代表人物參加。

選手們在完全開放的規則下，毫無顧忌地發揮著各自的打鬥技藝，將武術的本質還原給全世界的觀眾。最後代表柔術的巴西人羅伊斯·格雷西（Royce Gracie）笑傲群雄，一晚連勝 3 人贏得冠軍，舉世震驚，並獲得了 5 萬美元的冠軍獎金。

⬆ 羅伊斯・格雷西

　　正是這場比賽，使巴西柔術從此一戰成名、蜚聲世界，並一度統治了 UFC 賽場，開始了現代綜合格鬥運動（Mixed Martial Art，簡稱 MMA）的新紀元。

　　如今，經過幾代格雷西家族成員的不懈努力，巴西柔術已經逐漸發展成為享譽世界的綜合格鬥體系，吸引了眾多格鬥愛好者。在世界各大 MMA 賽事當中，活躍著無數巴西柔術高手，他們見證了現代綜合格鬥運動的發展和演變，同時也為巴西柔術運動的壯闊藍圖譜畫了濃墨重彩的一筆，使其當之無愧地成為當今世界最流行的無限制格鬥體系。

第二節　巴西柔術的技術特點 與格鬥理念

　　巴西柔術起源於日本古傳柔術，但在技術上和訓練方法上有很大的區別。傳統的日本柔術不僅包含徒手格鬥技術，而且更強調使用冷兵器來進行戰鬥。因為日本古柔術是武士在戰鬥中使用並發展起來的。戰場上，武士大多穿著笨重的鎧甲，徒手格鬥往往都是手中的刀劍遺落時的無奈之舉。而在巴西柔術的起源與發展進程中，戰爭早已遠去，它是擂臺競鬥和街頭肉搏的產物，其技術特點自然更符合徒手格鬥的性質和規律。

　　前田光世是柔道開山鼻祖嘉納治五郎的學生，他在巴西傳授的柔術內容基本上是以柔道投技和寢技為主。那麼，巴西柔術是否就是巴西柔道呢？當然不是。

　　乍看起來，巴西柔術和日本柔道確實有許多相似之處，但在訓練方法、戰術策略方面和比賽規則上卻存在諸多不同。

　　經過格雷西家族無數人的反覆實踐，巴西柔術在很大程度上改進、發展了由前田光世傳授的技術動作、訓練方法和戰術策略。那些花哨的、在真實打鬥中不實用或者需要消耗大量體力的技術，被擯棄或被更有效的技術取代。

　　柔道強調的是透過技術訓練來培養練習者的道德和社會責任感，即所謂從「以柔克剛」走向「自他共榮」。而巴西柔術只考慮如何讓格鬥更見成效，強調的是「摒棄浮

華，返璞歸真」。巴西柔術認為，格鬥的真正價值在於真實打鬥中的有效性，格鬥術應該為了實戰而戰，而非為了比賽而戰。

作為現代奧林匹克運動比賽項目的柔道，為了保護參賽者安全，設定了很多規則。而在巴西柔術比賽中，則沒有苛刻的規則，選手可以使用任何技術去贏得勝利。即使在競技柔術比賽中，除了不允許擊打對手外，幾乎沒有限制，這使得它更接近於街頭實戰，更原始、更本真。

由於比賽規則的差異，和柔道鼓勵使用投摔技法取勝的戰術思想不同，巴西柔術更強調使用寢技，它的技術和策略都基於對地面打鬥的深入研究。巴西柔術大師們無一例外地認為，在沒有任何規則束縛時，幾乎所有搏鬥最終都會進入地面纏鬥階段。

巴西柔術選手擅長將對手拖入地面，然後在地面上獲得控制的優勢姿勢，最終施以關節施技、絞殺技使對手降服，終結比賽。

巴西柔術重視地面纏鬥、位置控制以及各種降服技術的運用，相對於同樣以這些技術見長的俄羅斯桑搏，巴西柔術更加強調控制技巧。因為只有當你能夠輕鬆地控制住對手的時候，才能有效地實施各種降服技。假如你被對手牢牢地壓制在其身下，假如你沒有辦法逃脫對手的控制，並扭轉被動局面，那麼你即便掌握了 100 種降服技，也是沒有用武之地的。

高水準巴西柔術選手之間的對抗就彷彿是兩名智商過人的超級棋手在對弈，每一個動作的出發點，都不僅僅是

著眼於當下，而是為某種降服技術預埋伏筆。他們在施展
技術動作時講究力的運用，但不過分使用蠻力，也不強調
使用爆發力，每次用力都有明確的發力點、支點和著力
點。他們的身軀就像一條蟒蛇，有條不紊地纏繞、收縮、
發力，可控性很強，善於以弱勝強。

　　巴西柔術特別強調以很小的力氣，有效地利用槓桿原
理，將沉重的對手撬起，並產生巨大的力量。它的主導思
想一貫是「化力」，而非「抗力」。秉承這種類似於中國
太極「四兩撥千斤」的指導思想來進行搏鬥，其結果自然
就是，任何人都可以從巴西柔術中尋覓到最有效、最省力
的方式，來保護自己，戰勝對手。

　　現代巴西柔術技術體系經過格雷西家族幾代高手的反

⬆ 格雷西家族主要成員

覆驗證和修訂，已經基本完善、定型，形成從競技和實戰角度出發，以摔、拿為基礎技能，以循環、漸進式降服技術為基本戰術，以以小搏大、以柔克剛、以弱勝強為指導性戰略方針的柔術新流派。

巴西柔術技術體系涵蓋大量格鬥技術，包括打、投、關節技及絞殺技。習練者經常練習的有：投摔技術、上位壓制技術、背部控制技術、基於各種優勢位置下的降服技術、處於不利位置時的逃脫技術和掃翻技術、處於下位的各種防守技術等等。

本書將對這些技術進行介紹，但由於篇幅有限，只能粗略講解，更多技術內容，我們將在後續編撰出版的《圖解巴西柔術系列叢書》中進一步詳細講解。

第三節　巴西柔術的段帶與級別劃分

● 段帶等級的基本劃分原則

一、16 歲及以上的成人腰帶等級從低到高分為白、藍、紫、棕、黑、紅黑、紅。

二、15 歲及以下的兒童腰帶等級從低到高分為白、黃、橙、綠。

三、不足 16 歲不能得到藍帶，不滿 18 歲不能得到棕帶，晉升為黑帶的最低年齡是 19 歲。

四、只有黑帶才有資格頒發藍色、紫色、棕色腰帶，高段位黑帶要從更高段位者獲得，比如黑帶二段的腰帶，

頒發者至少是黑帶三段。在一些柔術剛剛起步的國家，標準可適當放寬，在獲得某位黑帶持有者的允許之後，紫帶持有者也可頒發藍帶給學生，而棕帶持有者可以頒發紫帶和藍帶給學生。

五、腰帶獲得的標準並不相同，大致來說有以下幾種：對技術原理的理解和應用；對抗訓練的表現；參加柔術比賽或 MMA 比賽的成績。

● 腰帶顏色的含義

一、白帶

白帶是初學者入門級的道帶，主要掌握柔術基本姿勢與基本動作。

在雙方實戰中，一般以掌握逃脫技術和防守技術為主，不要小看白帶，這是一個很重要的階段，白帶階段打下堅實的基礎，對以後技術的突飛猛進有著非常大的影響。

二、藍帶

藍帶是表示中級水準的道帶，是習練者透過訓練達到相當水準後的第一次被肯定。

藍帶一般被認可已經掌握大量的柔術技術，包括防守技與進攻技，藍帶持有者已具有了一定的競技能力。一般情況下，白帶學員學習 1–2 年就可以達到藍帶水準。

三、紫帶

紫帶是表示中高級水準的道帶，一般要練習柔術 4–5 年才能得到。

持有紫帶者被認可已經初步掌握了全面的技術，並且擁有幾百個小時的比賽經驗。

四、棕帶

棕帶表示練習者進入了精英級別，這個級別的練習者在比賽經驗的積累和技術掌握方面的要求更加精益求精，所以也被稱之為「精進者」。

棕帶以下級別的道帶還被分為 5 段，有時候能看到某些巴柔選手的腰帶上有一小格一小格的白條（在腰帶有黑布的一端裹上膠布），這是代表了相應段位的級別。

五、黑帶

黑帶表示練習者已全部掌握了巴西柔術的技術，具備了教學資格，可以正確地指導他人學習。

巴西柔術的黑帶和其他武道相比含金量更高，也很難取得，一般來說拿到巴西柔術黑帶需要 8–10 年的時間。黑帶共分 9 個段位，當取得黑帶之後，段位的晉升取決於你獲得黑帶並開始教授柔術的時間。

比如，一位練習者 2010 年拿到了黑帶，並且從 2010 年開始教授柔術，那麼 3 年後，就是黑帶 1 段，再過 3 年，成為黑帶 2 段，再過 5 年，成為黑帶 3 段。越往後，升級所需的時間就越久，當達到 7 段以上時，可以繫紅黑

相間的帶子，9 段以上時，可以繫全紅的帶子。

　　取得黑帶之後，段位的晉升就不取決於你的實戰水準了，黑帶級別的高低並不代表實戰能力的差別，僅僅跟你獲得黑帶並開始教授柔術的時間有關。所以，一般黑帶 2 段、3 段的實戰能力最強，因為剛好處於體力、技術、經驗都比較好的時期。

六、紅黑帶

　　紅黑帶相當於黑帶的 7-8 段，取得紅黑帶的練習者柔術技術已入化境。著名柔術大師羅伊斯・格雷西（Royce Gracie）、雷克森・格雷西（Rickson Gracie）都是紅黑帶的持有者。

七、紅帶

　　紅帶被稱為「師聖」，相當於黑帶的 9-10 段。紅帶持有者是對柔術發展有著特殊貢獻的大師級人物。目前最小的紅帶持有者在 67 歲時才獲得，紅帶的持有者包括巴西柔術的幾位創始者和奠基人。

段帶	級別	必須達到年齡	最少練習年限
		任何年齡	1-5 年
		4-6 歲	1-3 年
		7-15 歲	1-5 年
		10-15 歲	1-5 年
		13-15 歲	1-3 年
		任何年齡	1-5 年
		16 歲	2-5 年
		16 歲	$1^{1}/_{2}$-5 年
		18 歲	1-5 年
		19 歲	3 年
		-	3 年
		-	3 年
		-	5 年
		-	5 年
		-	5 年
		-	7 年
		-	7 年
		-	10 年
		-	最高等級
		-	僅限創始人

初級選手

高級選手

⬆ 巴西柔術段帶與級別劃分示意圖

第二章

投摔攻防技術

雖然以纏鬥技術見長的巴西柔術，大部分時間是在地面狀態下進行競技的，但是任何一種纏鬥系的格鬥運動（包括俄羅斯桑搏）在進行比賽時，雙方選手都不是一照面就坐下來開始纏鬥的，都是要先從站立狀態展開最初的較量，這是以站立行動為主的人類所擁有的本能特性。

那麼，身為巴柔選手，打算在比賽中充分發揮自己的優勢和長處，就要利用一些合理的技法來將對手拖入地面纏鬥階段，這種合理的引入技法就包括投摔技術。

巴西柔術中使用的投摔技術大多來源於日本柔道的投技，主要分為手技、腰技和足技三大類。所謂手技，就是運用抓握對方肢體或者道袍某個部位（俗稱抓把），控制對方後，再運用技術動作將對方摔倒的技法，比如雙手刈（抱雙腿摔）、背負投、體落、肩車等；腰技是指利用腰

部為支點摔倒對手的技法，比如大腰、掃腰、跳腰等；足技則是利用下肢別絆或掃踢對方下肢，令其重心失衡而摔倒的技術，比如大外刈、大內刈、足拂掃等。

第一節　抱雙腿摔攻防技術

抱雙腿摔確切的叫法應該是下潛抱雙腿扭摔，在柔道中稱之為「雙手刈」，與柔道和柔術中那些四兩撥千斤的摔技不同，下潛抱雙腿扭摔是速度和力量的完美結合，一般是在雙方採用相同方向站姿的情況下實施的。攻擊者率先降低身體重心前衝，用肩膀衝撞對手的腹部，然後用雙手抄抱其雙腿，顛覆其重心，再將其重重地摔倒在地。

這種摔技在出擊時間和動作要領準確的情況下，是非常實用和有效的。但是，這種技術也存在一定的危險。如果你沒有掌握正確的出擊時間，技術動作不準確、不規範，頭頸極易被對手以手臂鎖住，事實上也的確有許多人在使用此技時被對手以「斷頭臺」技術制服。

● 抱雙腿摔技術應用

◐ 格鬥雙方交手，均以左前式格鬥站姿應對。我在發動攻擊時，先將身體重心下沉，雙腿屈膝由擊打站架轉換為摔跤站架。

看準時機，我左腳突然向對手身前邁進半步，落步於對手兩腳之間，同時以左側肩頭衝頂對手腹部，頭頸左側抵頂其身軀左側腰胯位置，雙臂順勢向前伸展，雙手撲抱住其雙腿。

動作不停，右腳蹬地，雙手攬緊對手雙腿後側大腿接近膝窩部位，用力向後上方提拉，左肩配合手臂動作，一併向前使勁抵頂對手腹部及左側腰胯。周身協調動作，瞬間將對手摔倒在地。

【要領提示】

你的上體接觸對手身軀時，一定要用頭頸和肩膀抵緊對手腰胯，這個位置較低，對手難以用手臂實施降服技術。特別需要強調的是，抱腿摔其實不是低頭彎腰去抱的，而是屈腿降低重心去抱的，上半身要保持正常姿勢，儘量昂頭直背。

為了能夠成功地摔倒對手，而不被其反制，你必須在戰機出現時，果斷出擊，動作必須要快。

● 針對抱雙腿摔的防禦反擊

⬆ 雙方交手，彼此以右前式格鬥站架應對。對手率先降低身體重心，前衝，雙手撲抱住我的雙腿。

⬆ 我迅速抬起左臂，由其面部下方穿過，扣抓住對手右大臂肱三頭肌處。同時，身體重心下沉，迫使其無法順利完成抱摔動作。

⬆ 動作不停，身體重心繼續下沉，右腿屈膝跪地。然後，上體左轉、俯身，右臂朝對手右腳方向伸展，快速用右手扳拉住他的右腳踝。

🔼　繼而，雙腳蹬地，推動身體前衝，以胸部為力點衝頂對手的身軀，同時，雙手配合用力向後拉扯對手右臂和右腳踝。周身協調動作，瞬間可破壞對手身體重心平衡，將其摔倒在地。

🔼　如果對手的右腳距離較遠，我的右手無法觸及其右腳，那麼我可以去搶抓對手離我較近的左腳踝，最終收到的效果是一樣的。

第二節　抱單腿摔攻防技術

　　抱單腿摔在技術特點上與抱雙腿摔有異曲同工之處，但也存在著許多差異。實戰運用中，可以分為主動貼身抱摔和防守反擊抱摔兩類。主動貼身抱摔，是在對手防禦出現漏洞時，我方主動進身下潛，搶抱對手單腿，將其摔倒；而防守反擊抱摔，則是在對手用腿法攻擊我方時（多見於綜合格鬥比賽中），我方運用夾臂、抄抱等手段控制住其攻擊腿後，實施的投摔。

　　無論哪種形式的抱單腿摔，在具體實施時都要注意這幾點，即動作預兆性要小，啟動速度要快，技術發揮要巧妙。

● 抱單腿摔技術應用

⬆　雙方對峙，對手採用左前式格鬥站姿，我採用右前式格鬥站姿。趁對手不備，我突然將身體重心下沉，雙腿屈膝，準備前衝對其實施下潛抱摔。

⬆　我右腳向前上半步，落腳於對手左腳外側，身體重心向前下方移動，以右側肩頭抵頂住對手左側腰胯立置，同時用雙手攬抱住對手左大腿接近膝窩部位。

⬅ 旋即，上體向前推送，雙臂用力將對手左腿提起，並使勁朝身體左後上方提拉，破壞對手身體重心平衡，瞬間將其摔倒在地。

【要領提示】

如果你是一名左撇子選手，更習慣於採用右前式站架，本勢中介紹的抱單腿摔法就更適合於你。筆者個人以為，單腿抱摔更適合於在格鬥雙方站姿相反的情況下實施，因為你的前臂更接近對手的前腿，搶抱其前腿的速度會更快。

抱腿摔技術運用得成功與否，不僅取決於動作運用的正確性和對時機掌控的準確性，而且還要求選手腰腹、下肢及臀部肌肉力量足夠強悍，尤其是臀大肌和臀中肌。臀部肌肉位於腰部和大腿之間，對於彎腰下蹲等動作起到重要的支撐作用，不僅能保證骨盆穩定，還能減少大腿與膝蓋的損傷。臀部肌肉的劇烈收縮，能夠促進核心力量的整體提升，有利於釋放強大的爆發力。因此，在針對下潛抱摔技術進行日常訓練時，要著重加強臀部等重要肌肉群的訓練，比如雙腿深蹲訓練、單腿槍式深蹲訓練等。

● 針對抱單腿摔的防禦反擊

● 雙方交手，我右腳在前，對手左腳在前，雙方採用異架站位，對手突然降低身體重心，準備前衝對我實施抱單腿摔。

● 為了不被對手搶抱住我位於身前的右腿，我迅速將右腳向後滑動。同時，身體向前傾斜、俯身，並將左臂伸展至對手右肩內側，抵擋住其右臂。右臂則屈肘壓住其肩背位置。

● 繼而，我將左臂屈肘，用左手攬住對手的左臂，右手按住其左側肩頭。同時，身體重心下沉，以胸部壓制住對手的後背，令其被迫趴伏在地。

⬆️　在成功破壞了對手的進攻意圖後，我迅速用右臂攬住對手的右側腰背，開始移動腳步，於地面上向右側擺轉身軀。

⬆️　動作不停，左腳向右後方移動，身體繼續沿逆時針方向擺轉，右腿順勢移動到對手左腿和左臂之間的位置上。此時不僅成功破壞了對手的抱摔企圖，而且使自己搶佔了一個相對有利的位置。

【要領提示】

　　本勢介紹的這種防抱摔技術被稱為伸展下壓，可以有效地抑制對手前衝的勢頭，使自己的雙腿遠離對手的雙手，這是防禦抱單腿摔最簡單、最實用的方法。

　　在具體運用時要注意的是，用自己身體壓制對手上體的位置要選擇恰當，正確的部位是用自己的腰胯壓制對手的後腦、後頸和肩部，而不是用自己的胸部壓制其後背，否則非但起不到防禦的作用，反而會給對手創造反擊的機會。

第三節　熊抱摔攻防技術

　　熊抱摔是一種以攔腰鎖抱對手上體為前提，然後由大幅度地轉動身體，從而達到破壞對手身體重心平衡，最終將其摔倒於地的技法。在近身纏鬥過程中，這種技術應用的頻率非常高，是一種將對手拖入地面纏鬥階段，發揮自己在地面纏鬥方面優勢的簡單實用的好方法。

　　熊抱摔屬於力量型的摔法，適合身體強壯的選手運用。從技術角度來講，更簡單、更安全，不會像下潛抱摔那樣存在被對手用斷頭臺或木村鎖制服的危險，更可以有效地避免遭受迎面痛擊。

● 由正面實施的熊抱摔

⬆　格鬥雙方正面交鋒，我突然靠近對手，雙臂由對手雙側腋下穿過，雙手勾扣，針對其腰身形成鎖抱之勢。

⬆　在控制住對手腰身的情況下，可以用左腳絆住對手的右腳，或者乾脆踩住其右腳背。

🔼　在左腳牢牢地踩踏住對手的右腳後，可以雙臂勒緊對手的腰身，用力向左側扭轉對手的身軀，破壞其身體重心的平衡。

🔼　動作不停，以左腳踩住對手右腳，在雙臂鎖緊對手上體的前提下，身體繼續左轉，雙腿屈膝下蹲，重心下沉，周身上下協調動作，成功將其摔倒在地。

● 由背後實施的熊抱摔

⬆ 針對對手腰部的鎖抱，不僅可以由正面實施，也可以從對手背後發動襲擊。雙臂由對手雙側腋下穿過，於其腹前將雙手勾扣，針對其腰身形成鎖抱之勢。

⬆ 在取得優勢的基礎上，可以像前面介紹的提抱技術一樣，輕鬆將對手的身軀提離地面。

然後，扭轉身軀將對手摔倒在地。進一步，可以撲到對手背上對其實施背後騎乘，從而將格鬥引入地面階段。在這個位置上，我們可以跟進實施背後裸絞，輕鬆使對手降服，最終奪取比賽的勝利。

● 針對正面熊抱摔的防禦與反擊

針對熊抱摔的防禦技術大致可以劃分為兩種類型，即防禦方法和掙脫方法，這是根據對手運用熊抱摔技術的進展階段而定的。當對手剛剛萌生進攻念頭，雙臂伸展過來的一瞬間，我們可以使用各種肢體動作來阻止他的攻勢；如果對手已經用雙臂鎖抱住了我們的腰身，我們就必須採用一些更加複雜的技術來化解危機了。

實戰中，一旦不慎被對手鎖抱住了腰身，要立即尋找突破口，運用恰當的手段與對手拉開距離；動作遲緩的話，就會被對手摔倒，這點是比賽中要特別強調注意的。

⬆ 格鬥中，對手由正面用雙臂鎖抱住我的腰身。

⬆ 為了削弱對手手臂的力量，我可以雙臂屈肘由外向內夾住對手的雙大臂位置，雙手於腹前扣握在一起。

⬆ 雙臂夾住對手雙臂後，胸部用力向前下方壓制，臀髖向後移動，可令其放鬆雙臂對我腰部的鎖抱。

⬆ 旋即，在對手雙臂鬆懈的一瞬間，我迅速用左手勾住對手的右大臂。同時，右臂伸至對手後背，順勢勾摟住其右側腰肋。

🔼　繼而，身體左轉，右腳向對手身後移動，左臂向上抬起，屈肘勾住其脖頸。

🔼　緊接著，右臂抬起，屈肘內扣，左手順勢扣抓住自己右臂肱二頭肌位置。

🔼　動作不停，右臂屈肘內旋，右手順勢扣按住對手的頭部。然後，雙臂同時收攏，一併發力夾緊，針對對手的脖頸實施勒扼，瞬間即可導致對手呼吸困難。

🔼　為了防止對手逃脫，我可以在控制住對方頭頸的基礎上，用雙腿勾掛住對手雙腿，直至將其拖入地面纏鬥階段。

● 針對背後熊抱摔的防禦與反擊

　　背後實施的熊抱其實比正面實施的熊抱運用的概率更多一些，對手往往是在偷襲的時候運用，不易被我方察覺，所以其危害性就更大一些。同時，相較於正面攻擊，對手於我方背後實施熊抱更便於將我方雙腳提離地面，更容易破壞我方身體重心平衡，我方被摔倒的可能性會更大。

　　另外，由於人體生理構造的限制，被熊抱一方的視線無法全面真切地洞悉背後攻擊者的狀態和舉動，而且四肢向身後發動攻擊動作也非易事，特別是在手臂被束縛的情況下，因此擺脫控制的難度也相應地提高了。

　　在這種情況下，那些沒有經過格鬥訓練的人多會本能地使用蠻力進行掙扎，但巴柔選手則會選擇運用關節降服技術來擺脫困境，比如用木村鎖或者膝固，逃脫效果會更好。

　　⬆　格鬥過程中，對手由背後攔腰將我鎖抱住。

　　⬆　我迅速將雙腿屈膝，使身體重心驟然下沉，上體前俯，防止被對手抱起來的同時，對其雙手形成壓力。

⬆ 隨即，身體左轉，雙手抓住對手左手腕，用力向下推壓，令其鎖抱鬆懈。

⬆ 在對手左臂離開我身軀的一瞬間，我左手立即由對手左臂外側向內側穿插。

⬆ 我用左臂攬住對手的左臂，左手扣按住自己的右手腕，對其左臂形成一個「4」字形鎖。

⬆ 動作不停，身體繼續左轉，重心下沉，右腿屈膝跪地。

繼而，臀部後坐、著地，上體向後仰躺，左腿順勢伸入對手兩腿之間。

動作不停，左腿屈膝勾住對手左腿膝窩位置，形成下位半防守狀態。

旋即，臀髖驟然沿逆時針方向轉動，帶動上體向左翻轉，後背著地。在右手抓住對手的左手腕，左手抓住自己的右手腕部進行固定的前提下，右手順勢向左側推送，左臂向右側提拉、別擰，形成木村鎖，對對手左肩、肘關節形成巨大壓力，以迫使其拍墊認輸。

第三章
騎乘位攻防技術

　　騎乘勢是巴西柔術地面纏鬥技術中最基本的優勢姿勢，在綜合格鬥比賽中也是最常見、最主流的主動攻擊姿勢。

　　之所以稱它為主動攻擊姿勢，是因為這種姿勢相對於其他姿勢更有利於率先發動猛烈的攻擊。由於你是騎乘在對手的軀幹之上，四肢沒有受到任何約束，而且全部體重都傾壓在他的身體上，居高臨下的你可以肆無忌憚地揮拳擺臂擊打對手的腦袋，或者盡情地施展你的降服絕技，輕而易舉地令其束手就擒。

　　但是，在你胯下的對手卻因為受到地面空間上的制約，很難施展攻擊性拳法。即便打出一拳，也因為手臂無

法向後揮舞、腰部不能轉動助力,而導致攻擊軟弱無力。
同樣,對手施展關節技或者逃脫技也存在著極大的困難。

所以,在當今世界流行的巴西柔術、綜合格鬥、俄羅
斯桑搏技術中,都將騎乘勢列為首要掌握的基本姿勢,其
重要性可見一斑。

第一節　騎乘勢基本技術

在看似混亂無章的地面糾纏過程中,要想獲得最終勝
利的一個首要前提,就是你必須率先建立一種有利於自己
的姿勢。

更確切地說是應該從技術層面掌握一系列有利於自己
的姿勢,並在實戰中不斷應用,且始終維持自己在位置上
的優勢。然後才可以在此基礎上,展開進一步的攻擊。

如果你沒有佔據一個優勢位置,呈現出一種主導的姿
態,並充分有效地控制住對手的身體和運動,你就無法實
施進一步的攻擊。

作為一名初學巴西柔術的格鬥者,必須首先清楚地意
識到,獲得並保持主導的優勢體位是極其重要的。

我們在這一章裡為大家介紹的騎乘勢,就是地面纏鬥
技術中最基本的優勢姿勢。

騎乘勢大致可以分為高騎乘(豎直上體的騎乘)、低
騎乘(俯身的騎乘壓制)、S騎乘(半騎乘或側騎乘)三
種類型。

⬆ 低騎乘

⬆ S騎乘

⬆ 高騎乘

● 騎乘勢基本動作要領

正如前面所說的，騎乘勢是一個在搏鬥過程中具有主導地位的位置和有利於自己控制對手的身體姿勢，是我們必須掌握的最基本的地面姿勢。這是「萬丈高樓平地起」的基礎所在，就像在學習中國傳統武術時，首先要從馬步樁、弓步樁學習訓練開始一樣，是必須的，也是必要的。大家對這個看似簡單易學的動作姿勢一定要重視起來。

在這一節裡面，我們將首先針對騎乘勢的基本動作與技術要領，及大家在實際運用過程中容易出現的問題和常犯的錯誤，一一進行詳盡的分析講解，希望對您提高地面纏鬥技術能夠有所幫助。

● 地面纏鬥過程中，對手處於被動局面，仰躺於地面。我雙腿屈膝跪地，支撐身體重心，以臀部騎坐在對手的腰腹部上方，雙膝內扣、夾緊，雙腳以腳背著地，上體略向前俯身，可以用手按壓控制對手的上身，勢如騎乘於馬背之上，可以輕鬆地駕馭對手。

● 形成騎乘姿勢時，兩腿以及膝蓋部位一定要夾緊對手的身體兩側腰肋位置，並以雙腿膝蓋頂靠在對手雙側腋窩下，將其身體牢牢地固定住。在這種勢態下，才能令對手處於被動挨打的局面。否則，如果雙腿夾持力度不夠，可能會給對手創造使用起橋、蝦行等逃脫技術的機會。

● 騎在對手身上的時候，臀部不要過於靠近對手的腰髖部，要稍微向前上方一點，盡量將臀部貼在對手的腹部位置。因為人體無論是處於站姿還是仰躺姿勢，腰部始終是最有力量的部位，所有動作的發力基本上都要由腰部產生。在騎乘位置上，如果你稍不留神將自己的臀部坐在了對手的腰髖部位上，對手只要輕輕向上挺腰掀胯，使用起橋動作或者膝蓋頂撞就可以將你掀翻出去，使你瞬間失去優勢位置。

🔼　臀部不要完全坐在對手的身體上，也就是説不要將身體重心全部落在臀部上，身體重心 80% 應該落在雙腿膝蓋上，20% 落在臀部上，臀部與對手身體間的接觸應該是一種若即若離的狀態，不是完全坐下去，而是略微抬起，所謂「虛坐不實坐」，身體重心儘量由雙腿來支撐。這樣在對手試圖掙扎反抗時，我們可以及時地避開對手發力的腰胯部位，並且可以隨對手的動作有效地調整自己的身姿，以保持身體平衡穩定，掌握主動。

● 騎乘優勢的保持

在地面纏鬥過程中，當你獲取了騎乘優勢時，你的對手並不會紋絲不動地躺在你的胯下任你肆意凌虐，出於本能他們都會掙扎翻滾，採用起橋等各種逃脫技術進行反抗，以期及早擺脫困境。

我們騎乘在對手身軀上，不僅要抓住時機，迅速實施各種攻擊和降服動作，而且為了使自己儘量長時間地保持優勢位置，我們還要採取相應的措施牢牢地壓制住對手，防止其逃脫。

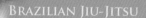

這種壓制技術我們稱之為騎乘壓制，在柔道中叫作垂直胸固，是地面纏鬥中應用比較廣泛的壓制方法之一。

作為一名柔術選手，要有這樣一種意識，就是任何一個優勢體位都不是永恆不變的，都會隨著格鬥進程而轉換。你要有充分的心理準備，你的優勢體位隨時都會被對手顛覆。

你要考慮的是一旦喪失了當前的優勢位置，如何才能獲得另一個優勢體位，始終掌握控制的主動權，使勝利的天平儘量向自己這邊傾斜。

🔼 在實戰中，當你取得了騎乘勢這種優勢位置時，不要急於展開進攻，因為當對手處於被動局面時，一般都會本能地進行反抗，比如用手來向上推搡你的胸部。在這種狀態下再執意實施攻擊是有一定難度的，硬性的對抗是不明智的。

揮臂防推

🔼　正確的突破方法是採用側面的迂迴戰術，先將右側手臂屈肘，自對手左臂內側插入、向上環繞將其撥開。然後向前俯身，右手扶撐對手頭部左側地面，迫使其左手離開你的胸部。

🔼　緊接著，左臂重複右臂動作，屈肘，自對手右臂內側插入、向上環繞將其撥開。然後，左手扶撐對手頭部右側地面，這樣可成功化解掉對手的防守，突破其防線，使自己的騎乘姿勢保持穩定，維持優勢體位。

勾摟脖頸

🔵　另外，有些初級選手在被騎乘後會用雙手向外側猛推你的胸部，同時其身體向一側翻滾，意欲借此擺脫困境。

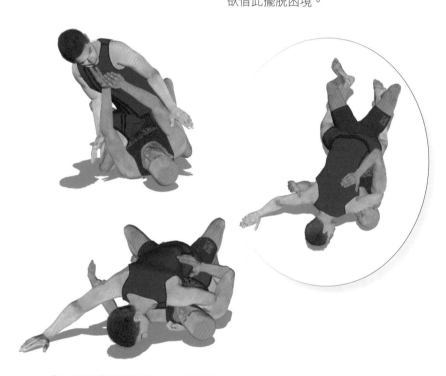

🔺　此時你可以採用勾頸壓制的方法來維持上位的優勢姿態。即迅速向前俯身，用一隻手扶撐地面，另一條手臂則屈肘勾摟住對手的脖頸，並用肩頭向下擠壓住對手的下巴。同時，在俯身的瞬間，將雙腿向後伸展，纏繞住對手的雙腿，以防止其翻滾掙脫，達到增強自身穩定性之目的。

防禦起橋

➡ 再有，如果對手採用雙肩起橋反抗掙脫，你一時沒有掌控好自身的平衡，你可以借勢向前俯身，將胸部緊緊地貼壓在對手的胸口上，同時用一雙手臂摟住其脖頸，另一手臂自然下落，以手掌按扶對手頭部側上方地面，掌指張開以增加與地面的接觸面積，低頭將頭部緊貼於對手面部側面。同時，用雙腳由內向外勾住對手的雙腳踝內側。這樣無論對手如何掙扎，你都可以始終保持上位優勢。

【要領提示】

身體前俯的瞬間，雙腳勾住對手雙腿內側，纏繞住對手的雙腿，這種技術叫作「藤纏」。透過這種方式，可以牢牢地控制住對手的身軀，達到增強自身穩定之目的，這樣無論對手如何掙扎，都可使自己處於上位優勢局面中。

第二節　由騎乘勢展開的降服技術

地面打鬥中形成騎乘姿勢時，你的身體處於對手的正上方，這會讓對手顯得非常尷尬。對手深陷困境時，經常會忙中出亂，比如伸出手臂來推搡你的身軀，這種反抗和逃脫行為是其本能的反應。這種急於扭轉局面的企圖，往往能夠為你提供許多施展降服技的絕佳機會。

由騎乘上位可以選擇實施的降服技術是比較豐富的，大致可以分為兩類，一類是針對對手脖頸實施的絞窒降服技術，如十字絞、送襟絞、袖車等；另一類則是針對對手手臂實施的腕緘、手臂十字固等關節降服技術。

至於具體選用哪種技術會更方便、更奏效，那要依據臨場打鬥時的具體態勢和對手的反應來決定。因為任何一種降服技術，都不是你一廂情願就能夠順利實施的，要學會因勢利導，有的放矢，順勢而為。

這裡要提醒大家注意的是，當你佔據控制主導地位時，不要急於求成，不要因為試圖使對手降服而喪失優勢位置，必須保證時刻做到攻防兼備，才能始終使自己處於不敗之地。

● 由騎乘勢展開的腕緘降服技術

腕緘也稱作美國鎖，是一種利用簡單的槓桿原理來實現對肩關節鎖控的關節降服技術，是在騎乘位與側控位經常使用的一種非常有效的關節技。

這種技術威力較大，但動作簡單，技術難度小，是一種既省力，又極具破壞力的關節技。如果正常發揮，不費吹灰之力就可以對對手造成嚴重的關節損傷，令其瞬間拍墊認輸。它的實用價值和應用效果，在當今國內外的各種綜合格鬥大賽中，可見一斑。

地面纏鬥中，我取得騎乘上位優勢，迅速發動攻擊。首先，掃清障礙，控制住對手手臂，準備對其實施騎乘壓制。

我將身體重心前移，上體前撲，將胸部緊緊地貼在對手的胸部上。右臂自然著地，以手掌扶撐對手頭部左側上方地面，同時左手抓住對手右手腕，順勢將其右臂牢牢地按壓於地面上。上體前撲的瞬間，雙腿向後伸展，雙腳勾住對手雙腿內側，纏繞鎖定其下肢，宛如葡萄藤纏繞住樹幹一般，以防止對手翻滾逃脱。

旋即，在雙腿勾住對手下肢的前提下，上體向左側平移，以右側肩頭擠壓住對手頭部，同時左手攬緊對手右手腕，用力向左將其手臂抻直。

⬆ 動作不停，右臂向左伸展，右手扣按住對手右手腕部，與左手一併壓制住其右臂，防止其掙脫。

⬆ 隨即，在右手牢牢地扣壓住對手右手腕部的情況下，左手放鬆對其手腕的控制，然後移動到其右臂肘關節下方。

⬆ 動作不停，左手自對方右臂肘關節下方穿過，屈肘內旋勾住其手臂，並以左手扣抓住自己右小臂接近手腕位置，雙臂協同動作，將對手右臂鎖定。

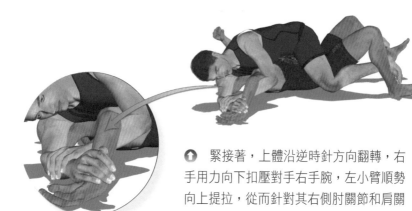

⬆ 緊接著，上體沿逆時針方向翻轉，右手用力向下扣壓對手右手腕，左小臂順勢向上提拉，從而針對其右側肘關節和肩關節形成巨大的壓力，令其因疼痛而屈服。

【要領提示】

在形成鎖控局面後，左手一定要將自己的右手腕牢牢地按壓於地面上，否則如果對手的右手腕離開了地面，不僅鎖控的效果會打折，而且可能會給對手創造反攻的機會。

注意左手扣按自己的右手腕部的方式，四指扣壓即可，不必用五指抓握；實施別鎖時，撬動的那條手臂事實上就是一根撬動的槓桿，尤其是在對付那些身材比自己高大的對手時，效果尤為顯著；撬動的那條手臂與對手右臂接觸點應是其肘關節外側靠近大臂的部位，發力點也是這個位置。

● 由騎乘勢展開的手臂十字固降服技術

上一節中為大家介紹的由騎乘勢上位實施的美國鎖（腕緘），雖然很有威力，但是在遇到頑強的對手時，對手的抗拒也是不容忽視的，比如對手會竭盡全力地用上肢來阻擋你進行俯身壓制，從而使你的降服動作無法順利進

行。面對這種情況，我們可以轉而採取另外的戰術來對付他，那就是抓住對手伸出手臂的機會，來實施手臂十字固降服技術。

手臂十字固，從技術角度來說，是一種威力十足的關節鎖控技術。具體實施時，雙方處於膠著狀態，彼此身體呈十字形交叉，所以也叫十字臂鎖。

這種技術不僅可以導致對手肩、肘關節損傷，同時還可以達到將對手牢牢地固定於地面的目的，令其無法翻滾、逃脫，最終使對手在無法忍受手臂劇痛的情況下，拍墊認輸。

⬆ 地面打鬥過程中，對手處於被動局面，仰躺於地面。我取得優勢，騎乘於對手身軀之上。對手出於本能，伸直手臂來推搡我的胸部，這一刻便為我實施手臂十字固降服技術創造了機會。

⬆ 在對手手臂肘關節伸直的時候，我迅速將左臂由對手右臂下方穿過，用左手按壓住其胸部。同時，右手由對手左臂上方繞過，一併按壓住其胸部。此時，對手的左臂處於我雙臂環繞之中。

⬆ 動作不停，在雙手按壓住對手胸膛的基礎上，雙臂用力向下推撐，身體重心突然向上提起，雙腿同時起跳，雙腳向前落步。起跳過程中身體要有意識地向左扭轉髖關節，右腿要有意識地向內扣壓，抵頂住對手的左臂。

⬆ 在雙腳站穩後，以按壓對手胸膛的雙手為支點和軸心，身體驟然左轉，右腿抬起，隨身體轉動順勢跨過對手的頭頸，落腳至對手頭頸右側，將臀部騎坐在對手左側肩臂位置上。

🔼　緊接著，在右腿成功跨過對手頭頸後，身體重心隨即向後下落，臀部於對手左肩外側著地。同時雙臂屈肘圈攬住對手左臂，將其固定於我的胸前。

🔼　然後，上體後仰，後背著地，雙臂順勢向懷中拉扯。將對手左臂捋直後，右手抓握住對手左手腕部，左手控牢其左肘關節部位，令其大拇指朝上。雙手協同動作，向後拉扯的同時，將其左臂徹底控制於我兩腿間、軀幹上方，臀部要貼牢對手的肩部，並略微向上挺腰，形成手臂十字固。

【要領提示】

在雙腿起跳、臀部脫離對方軀幹的瞬間，身體一定要向左扭轉，雙腳隨之沿逆時針方向移動，尤其是右腿，絕對不能停留在原來的位置上不動，那樣局面將會非常被動，會給對方創造反抗的機會——他完全可能會用左臂對我的右腿進行阻擋，導致無法順利流暢地完成手臂十字固動作。

再有，當身體轉動後，一定要等到右腳抬起、邁過對手頭部以後，臀部才可以向後下落著地，不能過早，也不能太晚，要恰當掌握時機。

另外，有些初學者會有一些擔憂，就是在實施動作時，對手的肘關節恰好壓在我們的襠部，其相對堅硬的臂肘部位是否會對選手的生殖器造成創傷？事實上，只要你動作標準，按要求完成，是不會有任何壓痛感覺的。

在形成十字固的時候，一定要將雙膝夾緊，雙腿勾緊，將臀部牢牢地貼緊對手的肩部，將控制其手臂形成的槓桿支點定位在自己的小腹、恥骨部位，對手與這個支點接觸的部位事實上不是其手臂肘關節，而是大臂外側，這樣就根本無法對你的生殖器造成任何威脅了。另外，由於雙膝的夾持，兩大腿內側的肌肉也會將對手手臂的壓力減緩，所以不必有任何擔心與顧慮。

第三節　被騎乘後的逃脫與反制

如前文所述，在格鬥中被騎乘是一件非常不愉快的事情，可以說，騎乘下位是地面纏鬥過程裡所有身體姿態中最被動的體位姿勢。

取得優勢的上位選手會有很多能夠很方便地使用諸如

肩固、美國鎖、手臂十字固之類降服技的機會，令你麻煩不斷。總之，那個騎在你身上，讓你承受「胯下之辱」的傢伙，對付你的招數肯定要比你多。

在這種被動的處境裡，最重要的應對策略是要積極地尋找突破口，抓住對手發動攻擊時暴露出的破綻，儘快扭轉局面，正確並且不懈地使用逃脫技術。比如運用單肩起橋、雙肩起橋、蝦行等方法及早地由對手胯下逃脫出來，徹底擺脫困境，將格鬥引到有利於自己的方向上去。

一名巴柔選手精通逃脫技術是至關重要的，只要你能夠從劣勢位置逃脫而不被對手制服，你就有重新佔據上風的機會。相反，如果你無法在逆境中保護自己，聽之任之，即使你運用再多浮華的地面技術也無法擺脫困境。

本章為大家介紹的起橋、蝦行技術，學習起來雖然沒有降服技術那樣激動人心，但經由大量時間去練習，最終會令你擁有足夠的信心去發動反擊，使你無論身處怎樣糟糕的位置下，都可以順利地化險為夷。

提醒練習者注意的是，在具體運用這些技術的時候，不要蠻力反抗，避免在劣勢位置下體力劇烈消耗而被對手制服。比如起橋時，腰髖挺起要藉助雙腳蹬踏地面的力量推動身體完成動作；而進行蝦行逃脫時，更應該強調整體動作的連貫性和上下肢配合的協調性。

在日常訓練當中，不僅要熟練掌握逃脫技術的基本動作要領，而且還要有針對性地進行與完成這些動作相關的肌肉強化訓練，如針對臀部肌群、腰部肌群的各種負重起橋訓練。這樣才能逐步提高你的肌肉耐力和爆發力，提升

格鬥能力，優化身體各方面的運動表現，以支持你在賽場上持續戰鬥。

● 處於騎乘下位時要注意的事項

⬆ 在綜合格鬥比賽中，大家經常會看到這樣的場面，就是被騎乘的選手為了避免遭受上位選手的猛烈捶擊，而用雙臂牢牢地抱住對手的上身，這是一種防禦打擊的有效措施。但是，在規則不同的巴西柔術比賽中，一旦被對手騎乘，切勿用雙臂鎖抱對手的身軀。因為這樣一來，你就很難施展逃脫技術了。

⬆ 正確的方法是，你要儘量用雙手去推對手的胸膛，使其無法壓制下來，為進一步實施逃脫動作奠定基礎，這才是明智之舉。

⬆️　另外要注意的是，當你被騎乘的時候，要儘量使對手的臀部坐在你的腰髖位置上，這樣才便於你運用起橋動作來掀翻對手。具體措施是，你將雙臂屈肘夾收於胸肋兩側，用雙肘肘尖向下擠頂對手兩大腿內側，以限制其雙膝向前移動。

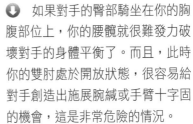

⬇️　如果對手的臀部騎坐在你的胸腹部位上，你的腰髖就很難發力破壞對手的身體平衡了。而且，此時你的雙肘處於開放狀態，很容易給對手創造出施展腕緘或手臂十字固的機會，這是非常危險的情況。

● 起橋逃脫

　　起橋是逃脫騎乘時最常用的一種經典的防禦性技術，就是用腰髖去推頂對手的臀部，使其飛躍至選手頭頂上方或者身體側面，整體動作感覺就像用一個網球拍將一個網球顛起來一樣。由於身體在向上拱起時酷似拱橋狀，故而得名。這項技術可細分為單肩起橋和雙肩起橋。

　　單肩起橋也叫側向起橋，是逃脫騎乘最常用的方法；雙肩起橋一般用於干擾對手，逃脫的成功率並不高，主要用來破壞對手身體的平衡。

　　就像學習中國傳統武術一樣，要想提高技擊水準，你必須反覆練習動作套路，所謂熟能生巧。在對練實操之前，也應該反覆單獨練習這些基本動作，使之成為你最本能的身體反應，這會令你受益匪淺。

雙肩起橋

　　地面纏鬥過程中，我處於被動局面，仰躺於地面，對手取得優勢，騎乘於我身軀之上，準備展開進攻。

⬆　我迅速將雙腿屈膝、後收，以肩背為支點，雙腳猝然用力蹬踏地面，突然向上挺腰掀胯，以腰髖部位為著力點向上掀動對手的臀部，瞬間發力可破壞對手的身體平衡，將其掀至我頭頂上方。注意，起橋時一定要利用腿部和胯部的力量來完成動作。

單肩起橋

⬆　地面纏鬥過程中，對手騎乘於我身軀之上，並用右手按住我的胸部。為了防禦對手的攻擊，我迅速用雙手控制住對手的右臂，防止其抽脫。

🔄 然後，我將雙腿屈膝、後收，將左腳移動至對手右腳踝外側。

⬆️ 旋即，右腳用力蹬地，腰髖猛然挺起，臀部瞬間離開地面，身軀驟然向左側翻滾，以左側單肩著地。同時，雙手使勁向懷中攬緊對手的右臂。周身協調動作，一鼓作氣將對手由身上掀翻至我身體左側。這種技術即我們所說的「單肩起橋」。

🔄 身體的翻滾動作不停，直至整個身軀翻轉過來，臉面朝下。

⬆　由被動的被騎乘狀態轉換到上位後，雙手迅速按壓住對手的胸部。此時，雖然我的腰身有可能被對手的雙腿夾持住，但相對於被騎乘而言，形勢明顯更有利於我了。

● 蝦行逃脫

　　蝦行是巴西柔術中最基本的逃脫技術之一，準確的英文術語是 Hip Escape，翻譯過來的意思是轉動髖關節的逃脫法，即利用髖關節與臀部的扭動來實現逃脫的方法。由於動作起來很像一隻大蝦伸縮著身體在水中游行，故而大家形象地把它叫作「蝦行」。

　　整個動作過程要連貫流暢，上下肢配合協調，身體的翻轉尤其是腰髖的動作一定要靈活自如。這一技術對於初

學者有一定的難度，必須反覆練習，才能熟練掌握，而且
一定要強調左右對稱練習。

⬆ 地面纏鬥過程中，我處於被動局面，仰躺於地面。對手取得
優勢，騎乘於我身軀之上。

⬆ 當對手還沒有俯身對我實施進攻時，我突然挺腰抬髖，將對
手向我頭頂上方掀動，迫使對手身體向前移動，雙手扶地，身體
重心平均分佈於四肢。

⬆ 此時，我將身體略微向左側扭轉，右手按住對手右大腿根部髖關節位置，左手按住其右腿接近膝蓋部位，左腿隨身體的轉動略微伸展、平放，右腿屈膝向後移動，右腳儘量回收，靠近自己的右側臀部。

⬆ 隨即，身體猛然向左扭轉，右側臀部抬起，以左側軀幹著地，雙手同時用力推撐對手右腿，右腳配合蹬地，將腰胯翻轉並向右後方移動，令軀幹和右腿呈 90 度角。左腿屈膝，膝蓋部位順勢由對手兩腿間抽出。

🔼　動作不停，身體再向右扭轉，令後背著地，左腿隨之內旋，以膝蓋扣住對手右側腰肋部位。此時，左腳即可以順利地從對手雙腿間抽出。

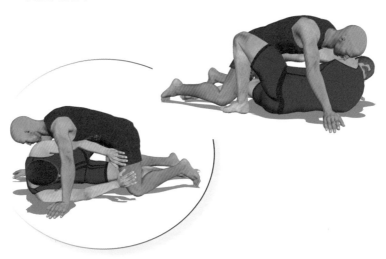

🔼　緊接著，左腿屈膝，左腳向自己的左臀部附近落步、踏實，身體略微向右側扭轉，右腿隨身體的轉動略微伸展、平放，同時左手按住對手左大腿根部髖關節位置，右手按住其左腿接近膝蓋部位。

⬆　繼而，身體猛然向右扭轉，左側臀部抬起，以右側軀幹著地，雙手同時用力推撐對手左腿，左腳配合蹬地，將腰胯翻轉並向左後方移動，右腿屈膝，膝蓋部位順勢由對手兩腿間抽出。

⬆　將右腿順利抽出的瞬間，身體再向左扭轉，令後背著地仰躺。

⬆　之後，即可以用雙腿扣鎖住對手的腰部，以「蝦行」技術順利逃脫對手騎乘，並轉化為對自己有利的封閉式防守姿態。

● 單肩起橋→「筋斗掃」逃脫騎乘

⬆ 地面纏鬥中，對手騎乘在我身上，準備對我發動進攻。我可以右腳用力蹬地，腰髖猛然挺起，臀部瞬間離開地面，身軀驟然向左側翻滾，以單肩起橋動作掀動對手的身軀。同時，將右臂伸向對手頭部右側，這個動作是非常危險的，因為這給對手創造了一個實施手臂十字固的極佳機會，我的右臂會被對手抓攬住。然而，這正是我為逃脫騎乘設下的一個陷阱。

⬆ 當我的身軀向左側翻滾時，對手果然用右臂勾攬住我的右臂，並準備開始運用手臂十字固技術來對付我。

⬆️　在對手旋轉臀部，使襠部移動到我右肘後方，準備把左腿壓到我頭頸上方，並固定住我右臂之前，我需迅速將右腿沿逆時針方向朝右上方擺蕩，使身軀豎立起來，以肩部著地，彷彿要翻跟斗一般。

⬆️　動作不停，雙腿繼續沿逆時針方向擺動，帶動整個身軀旋轉，直至右腿屈膝著地。這個動作可以迫使對手向左側傾倒、後背著地，並令其攻擊意圖落空。

🔼 緊接著，身體右轉，左腳落地，右膝跪地，成功地由騎乘下位逃脫出來。

🔼 取得上位優勢後，我可用右小臂壓制住對手的上體。然後，尋機發動攻擊。

【要領提示】

　　這個技術是我們在一種特殊情況下最後不得已才會使用的逃脫手段，要求選手具有豐富的地面纏鬥經驗，而且在具體運用當中，你必須洞悉你的對手在你引誘他時的反應，及時感應對手的動作意圖，如果你不明白他會如何移動，那就不可能製造混亂，也就很難成功逃脫，甚至會形成「偷雞不成蝕把米」的後果，反倒被對手成功制服，得不償失。

第四章
封閉式防守攻防技術

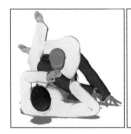

　　巴西柔術的地面防守技術英文稱之為 Guard，雖然地面纏鬥過程中選手的體位處於防守姿態，但是我們要強調的卻不是消極地防禦對手的攻擊，而更多的是要考慮如何在防守位置上展開進攻。這也是巴西柔術的一個非常顯著的特點。在巴西柔術比賽中，當賽事規則不允許使用踢打動作時，處於防守姿態下的選手反而佔據一定的優勢。在你的防守過程中，你會獲得許多使對手降服的機會，在防守中發動進攻的能力，是最終能否將勝利的天平拉向自己這一邊的關鍵因素之一。

　　巴西柔術地面防守技術大致可以分為開放式防守、封閉式防守和半防守三大類。當學習巴西柔術的人進入高級

階段修煉時，還會接觸許多不同形式的防守技術。但在最初學習時，基本的封閉式防守則是習練者首先必須要熟練掌握的。本章節就針對封閉式防守技術的攻防應用為各位進行詳細講解。

第一節　封閉式防守基本技術

封閉式防守是選手在仰躺狀態下，將雙腿屈膝環扣在一起、鎖夾住對手腰部而形成的一種防守方法。這是地面纏鬥中最常見、最基本，也是技術含量最高的一種防守技術，是由防轉攻的重要手段。

當你在地面位置上處於仰躺狀態，而對手位於你雙腿之間，準備撲上來對你實施壓制或者攻擊時，你就應該立即採取防禦措施。巴柔選手大多會本能地運用封閉式防守來應對這種局面，這是他們在日常訓練當中反覆練習的技術，在面臨危險時會條件反射般地做出動作來。

眾所周知，腰部是人體運動發力的中樞，選手由雙腿牢固地對對手腰部進行夾持，不僅可以使對手做出的進攻動作難以徹底發揮威力，而且可以迫使對手與自己保持一定的距離。選手利用雙腿的力量控制並改變對手的位置，將主動權儘量掌控在自己這一方，使自己的身體得到很好的保護。

有經驗的巴柔教練在傳授地面防守技術時，會不厭其煩地告誡學員，「最好的防守就是進攻」。選手一旦取得防守位後，一定要積極主動地進行反擊，絕對不能像條死

魚一樣躺著一動不動、任人宰割。

封閉式防守雖然是最基本的地面防守技術，但也是最為複雜的防守技術。因為它涉及的攻防技術類型最多，應用也最廣泛。

事實上，封閉式防守在防禦對手攻擊方面，也的確是非常行之有效的技術，它可以將看似被動的下位狀態，瞬間轉變成對自己有利的局面，並且選手可以很容易地施展各種降服技術、扼絞技術和掃技來反擊對手。

本節中，我們不僅要給大家講解封閉式防守下位的技術要領，同時也會講解上位選手應該注意的問題。

● 封閉式防守下位基本動作要領

◐ 地面纏鬥中，我處於被動局面，仰躺於地面，兩腿分開。對手雙腿屈膝，跪於我雙腿之間，準備對我實施進一步的壓制。

◑ 我迅速抬起右腿，屈膝，勾住對手左側腰胯部位。

⬆ 　幾乎同時，再將左腿抬起，屈膝，勾住對手右側腰胯部位，雙腿形成環狀，雙腳腳踝相勾，將對方腰部牢牢地圈鎖住，迫使其無法達到進攻目的。左右腳抬起的順序根據具體情況而定，雙腳疊搭在一起，可右腳在上，亦可左腳在上，只要達到鎖扣目的即可。

【要領提示】

　這裡要提醒大家注意的是，雙腿夾住對手的腰部要牢固，但不必過於用力，因為我們夾持對手的目的不是要夾斷他的腰，而是為了控制對手的腰部，從而使對手的動作受到限制，而我們的腰部則是可以自由活動的。

● 由封閉式防守下位坐起來

　　實戰中，當你仰躺於地面，用雙腿鎖住對手的腰部，用封閉式防守來控制對手時，你的優勢與劣勢是並存的。你不能始終保持這個姿勢不變，否則你的優勢會漸漸衰減，最終勢必會被對手制服。

　　如果你的雙腿很難做到持久有力地鎖定對手的腰髖，那麼過渡到其他有利於你進行反擊的位置和狀態，不失為

一個好的選擇，比如坐起來。而且，在地面纏鬥中，很多
降服技術都是由封閉式防守下位坐起來以後展開實施的，
諸如斷頭臺、木村鎖等等。

🔼　地面纏鬥中，我仰躺於地面，對手陷於我雙腿的鎖控之中，
並用雙手按壓我的胸腹，我迅速將右手由對手左臂下方向內穿
過。

▶️　然後，右手再由內向外撥開對
手左臂，令其左手離開我的身軀。

⬆ 旋即，雙腿放鬆針對對手腰部的鎖控，右手抓住對手左臂，向右側拉扯。同時，上體欠起身來，向右轉肩，探出左臂，用左手扳攬住對手後腦勺與脖頸部位，用力下拉，迫使其向下低頭。注意扳拉的位置要準確，位置過於向下，對手的頭顱會昂起來，無法收到預期效果。

⬆ 在左手扳住對手脖頸，右手控制住他的左臂的前提下，右腳下落至對手左腳踝內側，用我的右腿勾住他的左腿，使其無法站立起來逃脫我的控制。

● 接下來，左腳向左外側擺動，左手攬住對手的頭頸，借勢坐起身來。

● 動作不停，身體坐起來後，左腿屈膝，左腳後收，腳掌著地，右臂屈肘支撐身體右側地面，使自己的坐姿更加穩定。同時，左臂屈肘使勁攬緊對手頭頸，令其前額抵在我左側肩膀之上。至此，我成功地由仰躺著的封閉式防守狀態坐起，並牢牢地控制住對手的身體，使其很難掙脫出去。

● 由封閉式防守下位站起來

　　對於那些擅長站立技的選手來說，如果防摔技術與地面技術存在欠缺的話，他們最擔心的就是始終糾纏於地面的攻防轉換，這樣不僅存在風險，消耗體力，也浪費寶貴的比賽時間。一般情況下，當我們用雙腿纏住對手腰身後，對手往往會直起腰背，然後使用過腿技術試圖掙脫控制。從下位角度來說，這也正是我們擺脫劣勢位置的好時

機。所以一旦機會成熟，或者感覺勢態對自己不利，就應該果斷打開封閉防守的雙腿，想方設法地與對手拉開距離，直到能夠重新站起來為止，這絕對不失為明智之舉。

在這一節中，我們為大家介紹了三種重新站立起來的方法。注意，實戰中，無論採取哪種方法站起來，都要在起身後雙腿迅速後撤，防止被對手抱摔。

⬆ 地面纏鬥中，我處於封閉式防守下位，仰躺於地面。對手雙腿屈膝，跪於我封閉的雙腿之間，用左手按壓住我的胸部，並準備對我發起攻擊。

⬆ 我努力向前欠起上身，上體略左轉，左臂屈肘，以小臂支撐身體左後方地面，同時伸出右手用力推撐對手的右側肩頭，抑制其進攻勢頭。

旋即，左臂伸直，左手用力推動地面，上體前探、坐起身來，右臂順勢屈肘抵頂住對手脖頸咽喉處，迫使其無法進一步靠近我。同時，雙腿放鬆對對手腰部的夾持，左腿自然著地，右腿屈膝，以右腳踏地，身體重心自然傾斜於左側臀部。

繼而，在右臂推動對手脖頸的前提下，右腳蹬地，身體重心提起並後移，左腳順勢屈膝回收，以腳掌著地，令臀部離開地面，並進一步遠離對手。

動作不停，我身體重心繼續後移、上提，左手離開地面，順勢攬抓住對手的左手腕，雙腿蹬地站起身來。

由地面成功站起來後，迅速向後移動腳步，與對手拉開距離，並保持警戒狀態。

● 封閉式防守上位基本動作要領

選手處於封閉式防守上位、身陷對手雙腿之間時，雙腿要紮實地支撐地面，腰背挺直，用手按壓對手胸部或者抓住對手的腰帶，可以防止其坐起來，迫使其雙手與自己的頭部保持距離，從而令其無法實施有效的攻擊和降服動作。

根據戰術需要，選手有的時候也可以用雙手按壓對手的雙臂，目的與按壓胸部是一樣的，是為了壓制對方，令其很難欠身坐起來。

但是要注意，上體前傾時，腰背依然需保持挺直，切勿彎腰低頭（除非打算站起來）。雙手按壓的部位要準確，應該是對手的雙側大臂肱二頭肌位置。

處於封閉式防守上位的選手，應該儘量掌握主動權，但不要盲目發動進攻，因為在腰部被控制的情況下，攻擊動作是很難奏效的。

輕率地實施降服技，也往往適得其反。當你不想始終困陷其中，打算儘快擺脫當前局面時，你就應該實施突破防守的過腿技術來尋求機會，以便使自己能夠成功地轉換到騎乘勢、側控位，或者取得背後控制的優勢位置，使勝利的天平更進一步傾斜到自己這邊來。否則，稍有懈怠就有可能使自己陷入更加被動的局面。

當你的腰身被對手以雙腿牢牢地夾持住時，雙手切勿扶撐對手身體兩側的地面，這是非常危險的舉動，它會給你帶來許多麻煩。

你的手臂會被對手輕易抓住，一旦你的一條手臂被對手控制住，他可以很容易地將你掃翻，或者對你實施木村鎖、肩胛固等降服技術，令你處於不利局面。

🔼 處於上位的選手，可以用雙手按壓住對手胸部，腰背挺直，雙膝牢紮地面，使自己的身體像金字塔一樣穩固。

🔼 還可以將上體略前傾，重心前移，用雙手將對手雙臂按壓在地面上，也同樣起到防止對手起身的作用，從而有效地遏制其揮舞手臂、發動攻擊的勢頭。

🔼 在穿著道袍的巴西柔術比賽中，你還可以用雙手抓住對手的腰帶，然後身體重心下壓，頭部抵在對手的胸膛上。此時，雙臂一定要屈肘，夾緊對手的腰髖，令其雙手沒有可乘之機，防止對手利用你的衣領對你實施絞技。

🔼 如果你不打算長時間被對手雙腿糾纏，在用雙手將對手雙臂按壓在地面上後，你還可以俯身彎腰，以頭頂抵頂住對手的下巴。

站起來

🔼 然後，在雙手按住對手雙臂肱二頭肌，並用頭頂住其下巴的前提下，雙腿猛然蹬地、挺膝，臀部向上提起，身體重心驟然提升，瞬間由對手雙腿間站立起來。這樣可以成功擺脫對手雙腿的鎖控，為進一步實施過腿技術奠定基礎。

第二節　由封閉式防守下位展開
　　　　的降服技術

　　眾多參加過綜合格鬥比賽的巴西柔術先驅和前輩們，經過無數次實戰驗證，發現了這樣一個事實，即當選手處於封閉式防守下位時，儘管你的雙腿夾持住了對手的腰身，你也可以運用拳肘來攻擊對手，但是由於你的後背貼在地面上，你的手臂揮舞幅度會受到一定限制，擊打動作的力度十分有限，即便僅僅是出於防守目的，打出的拳肘力量也會大大衰減，而且會非常消耗體力。顯然這並不是一個擺脫困境、扭轉局面的好策略。

　　鑒於此，即便是在對踢打動作沒有過多限制的綜合格鬥比賽中，處於封閉式防守下位的巴柔選手，也都會儘量避免選擇這些擊打動作來進行反抗。

　　經驗豐富的巴柔選手在身處封閉式防守下位局面時，一般會做出兩種選擇：

　　一是，利用雙腿的夾持和擺動來控制與對手的距離，尋找機會坐起來，或者站起來；

　　二是，拉近與對手的距離，使自己的上肢和軀幹儘量靠近對方，然後施展各種關節和絞窒技術來制服對手（最常見的是斷頭臺、木村鎖技術）。

　　當然，在技術水準達到一定程度，且比賽過程中選手的體力明顯優於對手的情況下，下位選手也可以採用掃技掀翻對手（這在下一節著重為大家講解）。掃技同樣是選

手處於封閉式防守下位時必須掌握的技術。

要注意的是，在封閉式防守下位，要想針對上位對手實施一些降服技術的話，你的上肢和軀幹不能距離對手太遠。進入封閉防守狀態的瞬間，就應該迅速拉扯對手的手臂或者道袍，以縮短彼此間的距離，這樣才有利於發動進一步的攻擊。

由封閉式防守下位實施的降服技術非常豐富，如木村鎖、腿部三角絞、手臂三角絞、手臂十字固、肩胛固，以及利用道袍實施完成的X形絞（十字絞）。由於本書篇幅所限，本節僅對使用頻率較高的幾種技術進行詳細講解，其餘更多技術可參見後續出版的《圖解巴西柔術系列叢書》。

● 由封閉式防守下位展開的木村鎖降服技術

木村鎖是以日本著名柔道大師木村政彥的名字命名的一種針對肩關節形成壓力的降服技術，是一種既省力，又極具破壞力的關節技。

木村鎖可以在不同體位下實施，一般是在取得側位控制優勢情況下，主動發動進攻時運用的降服技術，在被動防守時也可以使用，比如處於封閉式防守下位時，運用木村鎖使對手降服的案例也屢見不鮮。

要注意的是，木村鎖在實施時雖然是用雙臂完成降服動作的，但在整個動作過程中下肢的協調配合非常關鍵。

以封閉式防守狀態下實施木村鎖來說，開始時雙腿勾在一起形成封閉防守姿態，在控制對手手臂時，雙腿應放

開，雙腳著地支撐身體平衡，這樣有利於雙臂順利實施動
作。

在雙臂形成鎖控狀態後，一條腿要迅速環勾住對手的
腰部，另一條腿屈膝蹬地或勾住對手下肢，雙腿夾緊對手
腰身，以防止其翻轉逃脫，這樣才能收到預期效果。

⬆ 地面纏鬥中，當處於封閉式防守上位的對手用雙手扶撐地面
時，他就為我實施木村鎖創造了非常有利的條件，此時要迅速抓
住戰機，立即開始實施木村鎖降服技。

⬆ 我迅速用左手搶抓住對手的右手腕，同時抬起右臂，用右手
勾攬住對手的後脖頸。

➡️　旋即，雙腿放開針對對手腰髖的鎖控，右手用力向右側扳拉對手脖頸，上體順勢欠身、左轉。

➡️　動作不停，在掃清障礙的基礎上，上體繼續左轉，坐起來，右臂自對手右臂外側繞過，屈肘圈攬住其右大臂，右側腋窩夾住對手右側肩部。同時，左手用力推抵對手右手腕。

⬆️　緊接著，再用右手扣抓住自己的左手腕（注意，是扣抓，而非抓握），使雙臂牢牢地鎖控住對手的右臂。

⬆ 繼而，臀髖驟然沿順時針方向轉動，帶動上體向右翻轉，後背著地，左腿屈膝勾住對手後腰，令其無法起身。在左手抓住對手右手腕，右手扣住自己的左手腕部進行固定的前提下，上體右轉，帶動左手向右側推送，右臂向左側提拉、別擰，形成木村鎖，對對手的右肩和肘關節形成巨大壓力，以迫使對手徹底屈服。

【要領提示】

對手俯身用雙手扶撐地面，的確是運用木村鎖使對手降服的一個時機。但是，要想成功抓住對手的手臂，首先要順利地坐起，將上體轉移到對手身體一側來，前提就要掃清胸前的障礙，即用力將對手的頭頸扳拉到右側。否則，一旦對手搶先俯身用頭抵頂住你的前胸或下巴，將你的後背牢牢地壓制在地面上，你再想施展木村鎖技術取勝，就無從談起了。因此，抓住戰機，因勢利導很重要。

再有，實施別鎖時，撬動的那條手臂與對手右臂接觸點選擇其肘關節外側靠近大臂部位，發力點也是這個位置。撬動的那條手臂事實上就是一根撬動的槓桿，尤其是在對付那些身材比自己高大的對手時，效果尤為顯著。另外，雙臂控制住對手右臂後，身體要迅速向右側翻轉。右腿向下壓制對手左腿，左腿勾住對手腰背部，上下肢協調動作，同時發力，才能徹底使對手降服。

● 由封閉式防守下位展開的斷頭臺降服技術

「斷頭臺」也是一種比賽中常用的降服技術，由於其動作酷似西方中世紀時期用斷頭臺行刑時的情景，故而得名。這種技術主要是用手臂圈鎖住對手脖頸，針對其咽喉氣管施壓，進行遏制，阻止空氣流動到肺部，導致對手呼吸困難，直至窒息。也可根據使用時手臂的施壓點不同造成血液循環阻塞，形成與裸絞類似的效果，可以視作是一種正面實施的裸絞技術。

這種技術一旦實施成功，對手基本上就很難再逃脫了，只有拍墊認輸的份兒了，否則後果不堪設想。

在具體實戰中，要注意上肢在實施動作時，雙腿要始終鎖控住對手的腰身，防止其掙脫，這樣上肢的動作才能發揮出更大的威力。雙臂勒緊時，實施動作的手臂這一側的肩部一定要配合手臂動作擺動，肩胛骨要有意識地用力向後方外展，壓制對手後腦，以加大勒扼力度，才能瞬間形成合力使對手降服。

➡ 地面纏鬥中，我處於被動局面，仰躺於地面。對手雙腿屈膝，跪於我封閉的雙腿之間，他用左手按壓住我的胸部，並準備實施進一步的進攻動作。

◀ 我雙腿放鬆夾持，上體略左轉，用左手推撐身體左後方地面，上體前探，腰髖旋轉，嘗試以掃技向左側掀翻對手。對手出於本能會向前俯身壓制，與我展開對抗。

⬆ 我努力翻轉身體，但是對手的反抗力度較大，他用雙臂抱緊我腰身，頭頸抵頂我身軀右側，令我無法順利實施翻轉動作。對手雖然成功破壞了我的掃技，但他在做這些抗衡舉動的同時，其頸部也暴露在我的攻擊範圍內了，這便為我實施斷頭臺降服技術創造了極佳的機會。

◀ 此時，我迅速放棄掃翻策略，上體右轉，右臂由對手腦後繞過，右手伸到對手脖頸下方，屈肘圈攬住其脖頸。

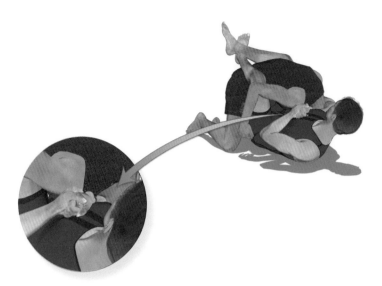

⬆ 　旋即，上體後仰，背部倒向地面，雙腿再度勾鎖住對手的腰身。同時，右臂屈肘夾緊，以小臂橈骨為力點勒緊對手咽喉，左手配合右臂動作，扣握住自己右手，一併用力向懷中拉扯，針對其脖頸實施斷頭臺降服技術。

● 由封閉式防守下位展開的腿部三角絞降服技術

　　最早讓格鬥愛好者見識到腿部三角絞的威力，是在1994年第四屆終極格鬥錦標賽上，當時巴西柔術選手羅伊斯·格雷西（Royce Gracie）利用這種絞技成功使摔跤手丹·塞文（Dan Severn）降服，觀眾們大多不知道這是一種什麼技術。

　　如今，腿部三角絞已經成為巴西柔術的基本招式，也是綜合格鬥選手必須要掌握的地面降服技術之一。

　　腿部三角絞的基本降服原理是，雙腿搭扣在一起，形成一個三角形，將對手的脖頸和一條手臂置於這個穩固的

三角形中間，然後逐步向中心收攏雙腿，利用對手的一條手臂來擠壓其頸部動脈，起到勒扼對手脖頸的目的。

　　腿部三角絞成型的時候，對手頭頸部是被你的雙腿固定住的，是沒有移動空間的，此時你稍微一發力，對手就會感覺呼吸困難（氣絞），或者大腦供血不足（血絞）。這時對手若還不拍墊認輸，你可收緊雙腿構成的三角形，並且用手摟著他的頭儘量朝你的腹部靠近，以筆者多次被絞的經驗，對手拍慢一點，他就會昏迷。

🔼　地面纏鬥中，我處於下位，對對手採取封閉式防守姿勢，對手用雙手按住我的胸腹部，為了限制他的進攻能力，我用雙手控制住對手的雙腕。

🔼　然後，我將對手的左臂朝我的右腿內側推送。

🔼　旋即，雙腿放鬆對對手腰身的鎖控，左腿屈膝抬起，用左腳蹬抵住對手的右側髖關節位置。

🔼　動作不停，我以左腳猛蹬對手的右髖，臀部抬起，將胯部推送到對手右腋下方，右腿順勢向上抬起，並放置於對手的左側肩頭上。

⬆ 在左手牢牢地扣抓住對手右手腕的前提下，左腿膝蓋內扣，夾緊對手右肩。然後，臀部向左側移動，同時，右腿屈膝勾裏住對手後脖頸。

⬆ 為了防止對手逃脫，我迅速換用右手扣抓住對手的右手腕部，騰出左手來，抓住自己的右腳踝，用力拉扯，將對手的頭頸拉低，使右腿脛骨與對手脖頸形成幾乎垂直的狀態。

⬅ 幾乎同時，左腳離開對手的右髖，快速向上擺動抬起。

🔜　緊接著，臀髖向上抬起，左腿屈膝勾掛住右腿。同時左手配合右手，一併用力將對手的右臂朝我右胯側推送，並將其固定在右髖部位置。在雙腿形成三角形之前，針對對手右臂及右手腕的控制很關鍵，千萬不能讓對方抽脫出去，否則一切將前功盡棄。

⬆　緊接著，雙腿同時發力，雙膝收緊，針對對手的脖頸形成腿部三角絞。在雙腿勒緊對手脖頸和右臂後，為了加大對其頸部的擠壓力度，我可以用雙手同時扳拉對手的後腦勺，但是做這個動作的前提是不能讓對手的右臂抽出去，一旦他的右臂不再貼壓在右側頸動脈上，三角絞便沒有了任何攻擊威力，就得不償失了。具體在實施動作時，要先用左手扳住對手後腦勺，然後鬆開右手，右臂屈肘，用右肘尖抵壓住他的右臂，防止其抽逃，然後再用右手扳住他的後腦勺，這才是正確的步驟。

第三節　由封閉式防守下位實施的掃技

　　這種格鬥者由下位轉換到上位的技術，即掃技，在地面纏鬥中應用比較多，該技術源於巴西柔術。這是一種破解對手有利位置的方式，也是一種很複雜的中轉技術。它並非單一的技術動作，而是擺脫對手控制的一系列動作的統稱。原理就是破壞對手的平衡點，使對手部署進攻的意圖失敗，並使自己轉到更有利的位置上。技術運用嫻熟的話，可以瞬間扭轉局面。

　　由封閉式防守下位翻轉得以成功實施的關鍵，是選手利用腰髖突然間的扭轉之力，破壞對手身體的平衡，掀翻對手。具體運用時，要求動作突然、連貫、協調。

　　掃技種類很多，包括坐起掃、木村掃、剪刀掃、膝推掃、升降機掃等等。

● 由封閉式防守下位實施的坐起掃

　　地面纏鬥中，我處於被動局面，仰躺於地面。對手雙腿屈膝，跪於我封閉的雙腿之間，他用左手按壓住我的胸部，並準備對我展開進攻。

⬅ 　我努力向前欠起上身，上體略左轉，左臂屈肘，以小臂支撐身體左後方地面，同時伸出右手用力推撐對手右側肩頭，抑制其進攻勢頭，防止其前撲壓制我。

⬅ 　繼而，左臂伸直，左手推動地面，上體前探、坐起身來，右臂順勢屈肘抵頂住對手脖頸咽喉處，迫使其無法進一步靠近我，同時雙腿放鬆對對手腰部的鎖控。

⬅ 　旋即，左手用力推撐地面，促使身體重心向上提起，臀部離地懸空。

● 身體於空中猝然向左扭轉，以腰髖轉動之力，瞬間將對手朝我身體左側掀翻。

● 掀翻對手的過程中，右臂屈肘順勢勾攬住對手的右大臂外側，對手被仰面翻轉過來後，我上體隨之順勢趴伏在其身軀之上，將其牢牢地壓制於地面上。

● 進一步，可以取得騎乘優勢，搶佔對自己有利的位置，展開反擊。

● 由封閉式防守下位實施的木村掃

⟳　地面纏鬥中，對手陷於我的封閉式防守中，我右手伸向對手的後腦勺，準備勾摟其後脖頸，並用左手去搶抓其右手腕。

⬆　我放鬆雙腿對其腰身的夾持，身體欠起，伸展右臂，準備用右臂圈攬對手右臂來實施木村鎖。但是對手反應及時，將右臂緊緊地勾繞住我的腰身，以阻撓我實施動作。

⟳　此時實施木村鎖的成功率已經很低了，但是我可以利用當前的勢態掀翻對手。我將左臂屈膝扶撐地面，同時用右手勾抓住對手的右手腕，防止其用右手扶撐地面。

右腿屈膝，右腳落地。
左腿屈膝向胸部方向滑動。

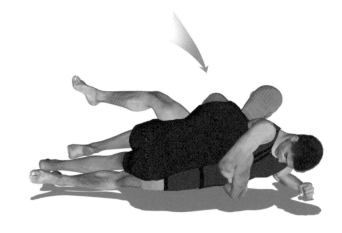

旋即，左腿勾住對手右腿膝蓋位置，用力向後勾掛，臀部沿
逆時針方向旋轉，右腿順勢抬起，向左側擺掃。周身協調動作，
瞬間顛覆對手的身體平衡，迫使其身軀沿逆時針方向翻滾。

🔼　利用這種掃技，可瞬間將
對手仰面掀翻過來，從而使我
成功取得騎乘位的優勢。

● 由封閉式防守下位實施的剪刀掃

➡️　由封閉式防守下位開
始，雙腿鎖控住對手的腰部，
右手扯住對手的衣領，左手抓
住其右臂或者袖口。

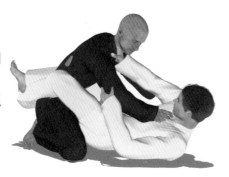

⬅️　準備實施掃技時，先將雙
腿打開，雙腳下落著地，雙膝
內扣，用力夾住對手的腰部。

⬆ 然後，在雙手控制住對手衣
領和右臂的前提下，我身體猛然
左轉，做一個蝦行動作，將臀部
向右後方移動，左腿撐在對手右
側大腿上，右腳向後擺動。

⬆ 動作不停，我將右腿屈膝，
向左前上方提起，以右膝和脛骨
抵頂住對手的胸部，防止對手將
上體趴伏下來，左腿順勢下落著
地，置於對手右腿膝蓋外側。

旋即，我上體前探，略微坐起，雙手用力拉扯對手的衣領和手臂，迫使對手身體前傾。然後，身體猛然朝左側翻轉、傾倒，利用自身的體重和右臂向左側的拉扯力量，迫使對手的身體重心向右前方傾斜。同時，右腿屈膝用力向左側推頂對手的胸膛，左腿配合向右後方橫掃對手的右腿。周身協調發力，雙腿如剪刀般動作，瞬間可將對手仰面掀翻至我身體左側。

成功將對手掀翻並取得騎乘位優勢後，雙手對對手衣領和手臂的控制不要鬆懈，此後我可以進一步對其實施十字絞或者手臂十字固等降服技術。

第四節　突破封閉式防守的過腿技術

　　過腿技術即突破防守技術，是指突破對手雙腿的控制與防守，使自己身體轉移到對手身體側面的技術。

　　這種技術是巴西柔術中非常重要的一個技術環節，因為在地面纏鬥中，當你遇到一名有經驗的對手時，儘管你取得了一些居高臨下的優勢位置，但是下位選手不可能任由你輕鬆地進入肆意攻擊的壓制狀態，他會本能地用雙腿以封閉式防守環鎖住你的腰部，甚至進一步用上肢對你的頭頸、手臂、肩背等部位進行纏抱。

　　他的這些動作無疑使你的進攻行動受到了限制，不僅無法實施有效的攻擊和降服技術，而且會令你耗盡體力，故必須儘早採取相應的措施擺脫這些糾纏，想方設法地尋找機會突破防守，去搶佔更有利於自己發揮技術水準的位置（如轉換到對手的身體側面，形成側向壓制）。

　　許多柔術愛好者都經常說「巴西柔術的本質其實就是地面防守技術和突破防守技術相互博弈」，可見過腿技術在巴西柔術中的重要性有多大。

● 打開對手雙腿鎖控的基本方法

⬆　地面纏鬥中，我跪在對手雙腿之間，雙手牢牢地抓住對手的腰帶，雙臂屈肘夾緊其腰髖，準備突破對手的封閉式防守。

➡　首先，將左膝蓋向外側擺動，右膝蓋向前擠頂對手的臀部下方。同時，上體直起，雙手用力向下按壓對手的腰胯，確保其臀部無法抬離地面。

⬆　在雙手按牢對手的腰髖，將其臀部固定在地面上的前提下，臀部驟然後移，腰背猛地向後拱起，突然發力，迫使對手的雙腳踝分開。

　　🔼　旋即，在對手雙腿被迫放鬆對我腰部夾持的一瞬間，我將右腿迅速屈膝，向內側擺動，使其成功移動到對手雙腿之間。這樣一來，我便順利地打開了對手鎖控我腰身的雙腿，突破了他的封閉式防守，並為進一步實施過腿技術奠定了基礎。同時，可以有效地避免遭受對手十字固、三角絞之類的攻擊。

　　後續我們為大家介紹的各種過腿技術，都是以打開對手雙腿鎖控為前提的，儘管在方法上略有差異，但出發點都是一樣的。

● 過膝突破封閉式防守→袈裟固

　　◀　地面纏鬥時，我雙腿屈膝跪地，對手迅速將雙腿環扣住我的腰部，形成對其有利的封閉式防守姿態。此刻，我立即用雙手按壓住對手的胸部，將其後背牢牢地按壓在地面上，並隨時準備突破對手的防守。

⮕　實施突破防守動作時，我
將雙手向下挪按至對手腰髖位
置，用力推按，將對手的臀部
固定在地面上。同時，身體重
心上提，雙膝離開地面，臀髖
用力向上提升，利用身體重心
陡然提升的力量，瞬間掙脫其
雙腿束縛。

⬆　腰髖撐開對手雙腿束縛後，我迅速用左手按壓住對手的右
大臂肱二頭肌處，右手按壓住其左大腿位置，同時將左腿屈膝提
起，懸於對手襠腹上方。

⬆　旋即，我右手由對手左腿上移開，撐住對手身體左側地面，左手
由對手右臂上移開，撐住其右腋下地面，左腿膝蓋順勢由對手兩腿間
移動至其左腿外側，跪抵地面，以小腿脛骨壓住對手的左大腿位置。

⬅ 動作不停，上體向前俯身，牢牢地壓制住對手的身軀。左臂順勢圈攬住其右側肩臂。然後，右腿於地面向右側擺動，右腳由對手兩腿間移出，擺至身體右後方，以右腳蹬地。

⬅ 繼而，身體向右側翻轉，左腿隨勢向左前方擺動，右腿朝右後方擺動，雙腿叉開，身體重心下沉，以左側臀部著地。上體朝左下方壓制住對手的胸部，左臂屈肘勾住對手的右側手臂，以小臂和肘部支撐地面，左側腰肋部貼緊對手的左側腰肋位置，形成袈裟固之勢。

【要領提示】

　　此突破技術，我們叫作過膝突破，又稱其為「瑪格利塔突破」，因為在瑪格利塔‧龐特斯的比賽生涯中，他曾運用此技屢次獲得勝利，故而被大家了解和熟知。過膝突破在實戰中會有許多變化形式，本節中介紹的是最基本的應用方法。這種技術成功的關鍵是，過膝後要立即用左臂圈攬住對手的右側肩臂。

● 單腿壓制突破封閉式防守→側向壓制

⬆　地面纏鬥中，我雙腿屈膝跪地，腰身處於對手雙腿封閉式防守中，我用雙手按壓住對手的胸部，迫使雙方上體保持一定距離。

⬆　為了突破對手的防守，我可以先嘗試著用右手去按壓對手的左腿，迫使其放鬆雙腿的夾持，試圖掙脫其雙腿的鎖扣。

⬆　在對手雙腿略有鬆弛的時候，我迅疾抬起左腿，以膝蓋抵壓住對手右大腿內側。同時，左臂屈肘，以肘尖抵壓其右大腿根部。上下肢動作配合協調，共同向下壓制，防止對手雙腿再次收攏、勾鎖在一起。

⬆　在用左腿將對手右腿跪壓於地面的同時，右臂迅速屈肘，自內向外、向上將其左腿用力搬起，令其膝窩處扛於我右側肩頭之上。

⬆ 旋即，我身體猛然於地面沿逆時針方向擺轉，左腿隨之後撤。右臂屈肘，以小臂尺骨部位為力點向前下方用力擠壓對手的脖頸，右肩一併用力向前抵頂、壓制其左腿，身體瞬間沿逆時針方向移動到對手身體左側。

◀ 動作不停，我雙腿屈膝跪地，以膝蓋抵頂住對手的後背。同時，雙臂屈肘合攏，雙手扣握在一起，攬抱住對手的左大腿，右肩抵住其左腿膝窩部位，上體使勁向前下方壓制。

◀ 在將對手左腿壓向其身體右側後，雙腿用力撐地，推動上體繼續向前、向下擠壓對手左腿，左手扶撐地面，右臂屈肘借勢向前下方擠壓對手的脖頸，令其疼痛、呼吸困難。

🔼　動作不停，我身體繼續前俯，利用自身體重壓制對手，同時左手自對手右臂下方插入。

🔼　進一步，我雙腿於地面向右移動。在牢牢地壓制住對手的前提下，右臂迅速自對手腦後穿過，屈肘攬住其後頸，右手扣抓住左手，固定住其上體，形成側向壓制勢態。

● 雙腿壓制突破封閉式防守→側向壓制

🔼　地面纏鬥中，我雙腿屈膝跪地，腰身處於對手雙腿封閉式防守中，我將上體略前傾，重心前移，用雙手牢牢地按住對手雙大臂肱二頭肌位置，將其雙臂按壓在地面上，防止其起身發動攻擊。

🔼　實施突破防守時，我身體重心後移，彎腰、俯身、低頭，以前額抵頂住對手腹部。

⬆ 在雙手按住對方雙臂肱二頭肌，並用頭頂住其腹部的前提下，雙腿猛然蹬地、挺膝，臀部向上提起，身體重心驟然提升。

⬆ 動作不停，抬頭，上體仰起，雙腿蹬直站立，雙手依然牢牢地按壓住對手雙臂不放。

⬆ 繼而，我雙腿屈膝半蹲，身體重心略下沉，上體保持平衡穩定。

⬆ 旋即，雙手由對手雙臂處快速移開，挪按至對手的胃部，同時雙腿猝然挺膝繃直，臀髖用力向上提頂，瞬間掙脫其雙腿束縛。

⬆　緊接著，雙臂屈肘內收，置於對手襠前、雙大腿內側。

⬆　然後，迅速用雙臂自外向內圈抱住對手的雙腿，左手扣抓住右手腕部，將其雙腿牢牢地鎖定住。

⬆　隨即，俯身，上體向左擺轉，迫使對手身體向右側扭轉。

⬆　動作不停，右腿屈膝向前移動、下跪，以膝蓋為力點抵壓住對手胃部，左手攬住其右大腿，右手扳住其右肩位置，從而形成對自己有利的局面。

⬆　進一步，我身體重心下沉，雙膝跪地，上體用力向下壓制對手的左腿。

⬆　動作不停，我雙腿於地面向右移動。在牢牢壓制對手的前提下，右臂迅速自對手腦後穿過，屈肘攬住其後頸，右手扣抓住左手，固定住其上體，形成側向壓制勢態。

【要領提示】

　　雙腿在站起來的整個過程中，雙手要始終按壓住對手的雙臂以及身軀，只有將其牢牢地按壓在地面上，臂髖向上的提升才能具有突破力，才能瞬間完成逃脫動作。

　　雙腿確定站直以後，雙手才可以離開對手的身軀。站起身後，要迅速移動到對手的側面，為下一部搶佔側控位優勢位置奠定基礎。

第五章
半防守攻防技術

　　半防守也是巴西柔術地面纏鬥階段使用頻率相對較高的一種防守技術。具體動作是，一方選手仰躺於地面，另一方選手則跪於對手身邊，下位選手用雙腿纏鎖住上位選手的一條腿。

　　從上位選手角度來看，半防守在形式上介於封閉式防守與側向壓制之間。相對於封閉式防守技術（俗稱全防守），下位選手僅僅控制住了上位選手一條腿的行動能力，所以謂之半防守。

　　在半防守對抗狀態下，雙方選手不存在明顯的優勢差異，形式上勢均力敵，事態上不分伯仲。彼此自由活動的餘地都比較寬裕，可選擇的攻擊技術也相對較多，從自身

所處的位置轉換到其他體位也比較容易。

作為一名技術全面的巴柔選手，應該熟悉掌握半防守的上位技術和下位技術，不能厚此薄彼。而且，建議大家盡可能深入地研究、熟悉每一個技術動作，直到將每個動作根深蒂固到自己的潛意識中，將動作變為本能反應。

第一節　半防守上位技術

半防守技術在巴西柔術中算是一種比較複雜的防守技術，處於上位的選手，很難像側向壓制那樣將身體轉動到對手的身軀側面，在實施壓制和降服技時，會因為對手雙腿對我方一條腿的牽制，而受到不同程度的影響和干擾。這就要求我們需要掌握更多的柔術技巧。

當你的一條腿被對手雙腿纏住，處於半防守上位時，最理想的選擇是利用過腿技術儘早擺脫糾纏，快速過渡到騎乘上位或側向壓制，從而獲取更加有利的位置。

如果你的柔術水準足夠高的話，達到這個目的並不難。但是，假設你遇到技高一籌於你的對手，你可能就要頗費一些周折了。

更重要的是，在這個過程中，你要始終用手臂或者身體的重量壓制住對手的上身，將他的肩背牢牢地固定在地面上，防止你在實施過腿技術或者轉換體位時，給對手創造逃跑的機會，甚至被對手掀翻。

上位選手右腿被鉗制

上位選手左腿被鉗制

● 半防守上位基本動作要領

◀ 地面纏鬥中，我跪於對手身軀右側，右腿被對手用雙腿纏鎖住，我用雙手按住他的上身，令其後背緊貼地面。

⬆ 為了防止對手坐起來或者翻滾身體，我迅速俯身前撲，左臂由對手脖頸右側穿過，右手伸至對手左側腋下。

動作不停，上體繼續前撲，用胸部壓住對手的胸膛。同時，左臂屈肘攬緊對手脖頸，左手勾住其左肩頭，並有意識地用左肩頭向下擠壓對手的下領。右臂則屈肘攬住對手左臂肱三頭肌位置，將其左臂置於我右肩頭之上，令其無法抄攬我右側肩背。

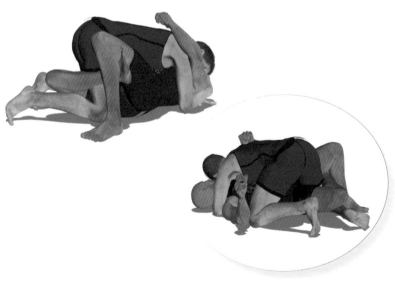

在以上體和雙臂牢牢地控制住對手的上體，並將其後背緊緊壓制在地面上的前提下，左腿屈膝前提，以膝蓋抵頂住對手右側腰肋或者腋窩位置。

提醒習練者注意的是，左腿一定要屈膝抵頂住對手右側身軀，絕對不能將腿伸直。

如果你的左腿不能抵頂住對手右側身軀，後果就會變成這樣。對手的右腿會由你左腿下方繞過，然後勾住你的左側腰身，隨即其左腿再抬起來，雙腿相勾，就將你陷於他的封閉式防守之中了，這樣一來，局面會對你更加不利。

● 突破下位控制的方法（過腿）

地面纏鬥中，我跪於對手身軀右側，右腿被對手用雙腿纏鎖住。我用上體壓制住對手的上身，頭部抵壓其左側肩頭，令其後背緊貼地面。雙方處於半防守對抗狀態。

⬆　雙方處於這種僵持不下的局面時，我準備突破對手雙腿的控制，去爭取更加有利於我的體位。首先，在用右手牢牢地控制住對手左側肩臂的基礎上，迅速將頭由對手頭部左側移動到其頭部右側，用額頭抵住地面。

⬆　然後，身體重心驟然向上提升，臀髖向上拱起。同時，雙腳蹬地，雙腿挺直，雙膝離開地面，使身體形成雙腳與額頭三點著地的拱形狀態。

⬆　旋即，左臂放鬆對對手脖頸的控制，由對手的頸下抽出，向自己襠內伸展，用左手按住對手右大腿接近膝蓋位置。

◀　在左手推按住對手右大腿接近膝部的情況下，臀髖繼續向上提升，使右腿也隨之逐漸向上拉動，直至右腿膝蓋由對手右小腿下方拉升至其右小腿上方。

➡　緊接著，腰髖突然向左轉動，整個身體也隨之左轉，以右側腰身壓制住對手的身軀。同時，利用身體轉動的動勢，帶動右腿屈膝朝對手右腿外側滑動。

當右腿膝蓋觸及地面的瞬間，身體向對手身軀右側滑動，左腳隨之向前移動。

利用身體滑動的力量將左腳由對手雙腿間抽出，向前擺動，右側臀部著地，以右側腰髖壓住對手右側腰髖，從而使右腿成功逃脫對手的控制。注意，右腿抽脫的整個動作過程中，右臂要始終牢牢地攬緊對手左側肩臂，切勿令其伸到我右側腋下。否則，很容易被對手逃脫。

實戰中，有的時候，對手雙腿對我右腿的夾持力度很強，我的右腿不容易抽脫出來。那麼，我可以在這種姿態下，將左腿屈膝向後擺動，用左腳踩踏住對手的右腿膝蓋位置。

然後，左腳向後蹬對手右腿膝蓋，右腿順勢向前滑動，雙腿交錯發力，即可輕鬆將右腿自對手雙腿間抽脫出來。

右腿成功抽脱後，身體迅速向右側翻轉，左臂控制住對手右臂，胸部壓住其胸膛。

雙腿屈膝前提，以兩個膝蓋抵頂住對手右側腰身，形成側向壓制狀態，使局面更加有利於自己。

● 由半防守上位展開木村鎖降服技術

地面纏鬥中，我跪於對手身軀右側，右腿被對手用雙腿纏鎖住。我用雙手按住他的上身，令其後背緊貼地面。處於下位的對手拼命掙扎，打算坐起來。為了能夠將對手的後背固定在地面上，我可以俯身用胸部壓住對手的胸膛。同時，用左臂圈攬住其脖頸。

時機成熟時，我用右手控制住對手左側肩膀，在確保用胸部壓牢對手上身的基礎上，左臂放鬆針對對手脖頸的摟抱，由其頸下抽出。

動作不停，左臂屈肘橫置於對手左肩外側地面上。

然後，上體向右轉動，右手順勢抓住對手的左手腕，並有意識地將其向對手身體左側腰部方向拉扯、推送。

旋即，右手控制住對手左腕不放，左手自其左臂下方穿過，用左臂勾住對手的左臂。

◖　繼而，上體左轉，右手用力向下按壓對手的左臂，將其左手及腕部按壓在地面上。

◗　動作不停，左手順勢扣按住自己右手腕部上方，雙臂針對對手左臂形成鎖控之勢。

◖　一旦雙臂鎖住了對手的左臂，我將上體迅速沿逆時針方向轉動，帶動左臂向上撬動對手的左臂，對其實施木村鎖降服技術。同時，雙腿向後伸展，雙腿膝蓋抬離地面，使身軀進一步壓牢對手的身軀，令其無法翻轉滾動。

◗　另外，實戰中會出現這樣一種情況，就是對手的力氣比我大，他拼命地將左側肩膀靠在地面上，令我無法輕易用左臂撬動他的左臂。這個時候，我可以將右腿蹬直，將臀部向上拱起。

⬆ 然後，左腳向對手頭部方向挪動，使身軀儘量與對手身軀呈垂直狀態。

⬅ 動作不停，左腳繼續向對手頭部方向挪動，並抬腿跨過其頭頸，落腳於對手頭部左側。

➡ 繼而，身體重心下沉，臀部下落，雙膝跪地，左腿順勢向後勾住對手脖頸。

一旦左腿勾住對手脖頸後，身體迅速向左翻轉，以右側肩頭為支點接觸地面，雙腳蹬地，推動身體向前翻滾，帶動左腿勾著對手的脖頸與自己一併翻滾。

當自己後背著地的一瞬間，右手向左側推送，左臂向右側提拉、別擰，形成木村鎖，對對手的左肩、肘關節形成巨大壓力，以迫使對手徹底屈服。

● 由半防守上位展開手臂三角絞

地面打鬥中，對手處於下位，仰躺於地面，我趴伏在對手身軀之上。對手出於防守目的，用雙腿勾纏住我的右腿，形成半防守姿態。我一時無法順利逃脫出去，在此情況下，我可以攻代守，立刻實施手臂三角絞降服技術。我用胸部牢牢地壓制住對手的身軀，右臂勾住他的左臂。

⬆️　旋即，我以左臂圈攬住對手的右臂，身體重心向前移動，帶動右臂抵頂住對手左臂向前上方滑動，迫使對手左臂向上抬起，令其左大臂外側貼在他的左側耳畔。

⬆️　為了確保手臂三角絞能夠順利實施，首先要將對手左臂橫置到他的脖頸之上。我抬起頭，用右手抓住對手的左大臂外側，用力將其向左側推送，令對手的左手移動到我的左肩外側。

⬆　當對手的左臂被我向左推送過去後，我再低下頭來，用頭顱左側抵壓住對手的左肩及左臂外側。同時，左臂屈肘攬抱住對手的後脖頸，使其無法扭動或者翻轉身體。

⬆　緊接著，右手由對手左臂處挪開，用右小臂和肘部扶撐地面，雙掌張開。此過程中頭部和左臂不能放鬆對其上體的控制。頭部要有意識地向左側抵頂，使對手左臂進一步貼緊他自己的脖頸及咽喉部位。

⬆ 然後，左手扣抓住自己右臂的肱二頭肌位置，右臂屈肘內旋，右手扣按住對手頭部。我將頭部向左側抵頂，以加大鎖控力度，雙肩用力合攏，雙臂收緊，協同發力，針對對手的脖頸實施勒扼，可導致其呼吸困難。此刻，即便對手異常堅強，堅持不拍墊認輸，我也可以很容易地逃脫對手雙腿的糾纏，轉換到更有利於自己的側控位或者騎乘位上。

第二節　半防守下位技術

當我們處於半防守下位狀態時，優勢與劣勢是並存且隨時轉換的，在這個位置上，由於我們只控制了對手的一條腿，並不會像封閉式防守那樣掌握更多的主動權。

因此，如果我們不能順利地施展各種降服技術來制服對手，就應該利用各種掃技轉換姿態，去獲取更加有利於自己的體位。

　　而且，我們必須對對手的動作意圖保持敏銳的洞察力。對手的立場決定了我們的攻擊方式，是掃翻對手，還是將對手制服。

　　不僅如此，我們還要學會根據他的行為預測他下一步的行動，在他進攻之前，先發制人，防患於未然。

　　成功取決於我們的反應速度和精確度以及每個步驟的轉換能力。時間、速度和準確性的差異，是實施降服技術或掃翻技術成敗與否的重要因素。

● 半防守下位基本動作要領

⬆　在上一節中，我們了解到，當雙方進入半防守對抗狀態時，上方選手一般會以上圖這樣的一種方式來壓制下方選手，使下方選手的後背緊貼在地面上。

➡　當你處於下位時，一旦身體被對方壓平，勢態就會對你很不利。因此，這個時候，我們首要考慮的事情就是儘量不讓對手將自己的身體壓平在地面上。最理想的下位姿態，應該是如右圖這樣側身躺著。

這裡我們要注意，我們側躺的同時，要用一條腿屈膝抵頂住對手的腰部。這個動作的目的，就是防止對手上體撲壓下來，使其與自己保持一定的距離。

此時，如果對手打算俯身用一條手臂抄攬我脖頸的話，我不僅可以實施右腿抵腰的動作對其進行阻撓，同時還可以用雙手阻擋其伸出來的手臂，使其根本搆不到我的脖頸。

有的時候，如果我沒有能夠及時將一條腿屈膝抵頂住對手的腰部，對手就已經將身體壓了下來。那麼我就應迅速用左手抵擋住對手的右臂，防止其抄攬我的脖頸，同時快速將右臂由對手左側腋下穿過，勾攬住他的左側肩背（在穿著道袍的時候，可以抓住其腰帶後側），為下一步逃脫或掃翻對手奠定基礎。

🔺　實戰中，一旦我的反應速度較慢，形成身體被對手壓制的局面，其實也不是沒有辦法擺脫困境的。我首先將左臂屈肘抬起，用左手拳頭抵住對手的右側脖頸位置上。

🔺　然後，左拳使勁向右側推頂，使左小臂穿插至對手脖頸下方，左手順勢扣抓住對手左側肩頭。同時，用右手托住對手左側腰肋位置。

⬆ 繼而，我雙腿放鬆對對手右腿的纏鎖，左腿屈膝後收，使左腳盡量靠近自己的左側臀部位置。

⬆ 在右腿勾住對手右腿的前提下，左腳用力蹬地，腰髖猛然挺起，臀部瞬間離開地面，身軀驟然向右側翻滾，以右側肩背著地，左臂以小臂尺骨為力點一併向上推抵對手咽喉部位。周身協調動作，利用「單肩起橋」技術破壞對手身體平衡，使其身軀向左側傾斜。

⬅ 緊接著，在用左臂抵住對手咽喉的基礎上，臀部下落著地，腰髖右轉並向後方移動，利用「蝦行」技術進一步拉開對手與自己之間的距離。

● 在與對手拉開距離的一瞬間，左腿立即屈膝抬起，並向右側擺動，使左膝成功抵頂在對手腰部位置上，這樣對手就沒法再度壓制下來了。

● 進一步，將雙腿腳踝勾在一起，從而形成一個非常有利於我的半防守下位姿態。

● 由半防守下位轉換到對手背後

● 地面纏鬥中，我處於半防守下位，用雙腿纏住對手的右腿。對手為了防止我坐起來，用雙手按住我的身軀，並準備將上體壓制下來。

⬆ 在對手上體撲壓下來的一瞬間，我立即將左臂由對手右臂下方穿過，用左手攬抱住對手的右側腰髖位置。同時，右臂由對手襠下穿過，用右手攬抱住對手的左側臀部位置。雙臂屈肘收緊，俯身彎腰，使上體緊貼對手腰身，使對手無法干擾我的動作。

⬆ 旋即，雙腿解除勾鎖，右腿向前滑動，臀部向後收縮，左腿隨即抬起，順勢勾掛住對手的右腿。

🔙　左腿勾住對手右腿的一瞬間，我身體猛然沿順時針方向轉動，右臂屈肘支撐地面，使上體和頭頸瞬間由對手身下翻轉出來。

➡️　動作不停，身體繼續沿順時針方向翻轉，右腿由對手身下抽出，以右膝蓋跪撐地面。

⬆️　繼而，右腿向內側勾住對手右大腿內側。同時，在我身體翻轉至對手腰背上方時，左腿迅速勾掛住對手左大腿內側。雙臂攬緊對手腰部，上體前趴，將前胸緊貼對手後背，從而形成背後控制狀態。

⬆ 進一步，身軀向側面傾倒，瞬間掀翻對手，並可展開背後裸絞攻擊。

● 針對上位選手展開腿部三角絞降服技術

⬆ 當我處於半防守下位時，搶先用右手抓住對手左手腕，同時左臂屈肘，圈攬住對手的右臂，防止其逃脫。

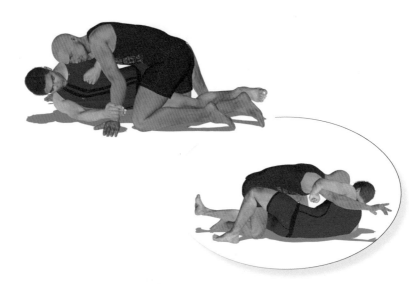

⬆　旋即，身體向右側翻滾，帶動左臂擠別對手的右肩，同時將臀部向左側移動，使雙方身體拉開一定距離，為下一步動作創造施展空間。

⬆　然後，左腿抬起，借身體向右翻轉之勢，順勢屈膝穿插至對手腰腹下方。

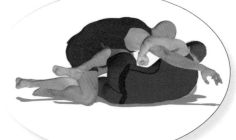

⬆ 左腿移動到對手腰腹下方後，用力向前推抵，可迫使其上體前傾。我迅速用右手將對手左臂推送到他左腿內側，同時我右腿屈膝由對手雙腿間滑出。

➡ 當我右腿由對手身體下面抽出來的時候，身體再向左側翻轉，右手鬆開對手左手腕，右腿屈膝向上抬起，右腳抬至對手左側肩頭處。

⬅ 動作不停，右腳繼續向左上方擺動，快速用右腿勾住對手的脖頸，防止對手抽身逃脫。

➡ 緊接著，再將左腿抬起，屈膝，與右腿勾在一起，加強對對手上體的控制。

🔼　繼而，雙手抓住對手右臂，將其朝我身體右側拉扯，迫使其右臂橫壓在其右側脖頸處，同時臀髖離地向上抬起。

➡️　形成腿部三角絞的基本架勢後，臀髖下落，雙手將對手右臂朝我右髖外側推送，然後雙腿驟然收緊。

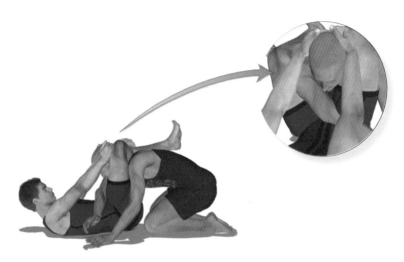

🔼　進一步，在左腿屈膝扣緊右腳踝的基礎上，可以用雙手摟抱對手的後腦，用力拉扯，以加大鎖控力度。

【要領提示】

　　當處於半防守下位時，多數選手會選擇用掃技掀翻對手，或者試圖去搶奪對手的背後位置。但有的時候，也可以用腿部三角絞技術使對手降服，儘管完成起來有一定難度，但這種出其不意的進攻方式，常常會使對手猝不及防，成功率還是很高的。

　　要注意的是，在雙腿未勾在一起之前，左臂要始終勾住對手的右臂不放，防止對手在我實施腿部三角絞的過程中逃脫。

第六章
側控位攻防技術

　　側控位攻防技術源於柔道中的「橫四方固」技術，也是巴西柔術地面纏鬥階段使用頻率非常高的一種壓制技術。在地面上牢牢地壓制、固定住對手的身軀，是選手進一步施展降服技的前提。

　　在實際比賽中，許多運用降服技術取得勝利的案例，大多是在側控位上完成的。熟練掌握側位控制技術是學習和運用其他高級地面降服技術的基礎。

　　與騎乘勢一樣，側控位置也有上位和下位之分。在形成側向壓制時，雙方選手的身體形成近乎垂直的角度。上位選手能夠藉助自身體重壓住對手，具有明顯的優勢，處於下位的選手相對來說較為被動。

側控位技術對於一名技術全面的巴柔選手來說，是務必要熟練掌握的基本技術。而且，筆者建議，大家在花大量的時間來學習側控上位攻防技術的同時，也不要忽略了對下位防禦、逃脫技術的重視，以備不測。

第一節　側控上位基本技術

側控上位是一種非常具有攻擊優勢的體位姿態。在這個位置上，選手可以有效地壓制住對手的身軀，控制住他的手臂和頭頸，迫使其後背緊貼地面。而處於下位的選手卻很難施展逃脫技術，無論他是左右翻滾，抑或上下顛簸，都無濟於事。

同時，這個位置為你攻擊對手提供了許多選項，無論是展開打擊，抑或對對手使用降服技術，實施起來都非常方便。在一場比賽中，一旦形成側向壓制的局面，上位選手便會在一定程度上佔據了主動權。

實戰中，實現一個完美的側向壓制，要求具備三個基本條件：

一是要求對方必須是倒地，並呈仰躺或趴伏狀態；

二是必須用自己的身體牢牢地壓住對方身體（主要是上身），限制其翻滾；

三是實施動作過程中不被對方束縛，能夠自由地轉換為其他優勢姿態（比如騎乘勢）。

本節我們著重講解側向壓制的基本方法，以及由側向壓制轉換到騎乘勢的方法。

● 側向壓制的基本方法

　　事實上，地面纏鬥中的側向壓制形式有很多，粗略統計大概常見的方法有五六種，鑒於本書篇幅所限，這裡僅為大家詳細介紹其中使用頻率最高的一種。

　　讀者若想瞭解更多這方面的知識，可參閱後續出版的《圖解巴西柔術系列叢書》。

⬆　最常見的側向壓制方法

⬆　在取得側控位置優勢後，上體前俯，以胸部壓制住對手胸口位置。左臂由對手脖頸下方穿過，左手攬住對手左側肩頸。左側肩膀向下擠壓對手右側臉頰，防止其向右側滾動身軀。

⬆ 右臂屈肘攬住對手左臂，左手控制住對手左臂肱三頭肌位置，防止其向左側滾動身軀。右肘抵頂住對手左側腰肋。頭部向下壓制住對手左小臂。

⬆ 右腿屈膝，以膝蓋抵頂住對手右側腰肋，與右肘共同夾持住對手的腰身，防止其翻滾逃脫。左腿略伸直，大腿貼在地面上，左腳以腳趾蹬地。

● 袈裟固

袈裟固源於柔道技術，實際上也屬於一種側向壓制技術，由於選手在做動作時，雙腿伸展，狀態宛如僧人披上一件袈裟似的，故而得名。在柔道中可以細劃為本袈裟固、崩袈裟固、枕袈裟固、後袈裟固等幾種。

　　這種技術在機動性和靈活性上具有明顯的優勢，對手在被動局面下無論是按順時針方向，還是按逆時針方向扭轉移動，我們都可以以臀部為軸，擺動雙腿隨之轉動，使自己始終處於優勢壓制狀態下。

　　同時，由於動作要求選手雙腿叉開、配合臀部著地，使下肢形成「人」字形，從而使整個壓制的構架更加穩定、有力，故而袈裟固技術也成為地面纏鬥中極為常見的，且非常實用的控制技術之一。

【要領提示】

　　無論是哪種形式的袈裟固，形成壓制狀態後，上體一定要壓牢對手上體，一側臀部要緊貼地面，確保壓制牢固，前後叉開的雙腿與臀部這三點在地面上構成一個牢固的三角形，如果對手雙腳蹬地掙扎、轉動身體，我們要以接觸地面的臀部為軸，雙腳隨之一併動作，使身體能夠根據對手的移動而移動，從而化解對手的掙扎、滾動之力。

● 浮固

　　浮固是一種地面纏鬥中針對對手實施攻擊最有利的姿勢之一，也有人稱之為「膝壓制」或「膝抵」，是將自己懸浮在對手身軀之上，令其牢牢地固定於地面上的意思。同樣，這是側位控制的一種變化形式。

　　這種姿勢可以將全身的力量傾注到膝蓋上，確切來說，就是將你的全部體重由膝蓋或者脛骨施加在對手的軀體上。在激烈的肉搏中，針對對手胸部或者胃部的跪抵，可令其內臟遭受重創，導致其筋疲力盡而放棄反抗。

　　這種姿勢更主要的作用是可以將對手的身軀牢牢地固定在地面上，解放你的雙手，為實施攻擊動作創造出更多機會，從而達到快速解決戰鬥的目的。

　　同時，由於浮固姿勢是介於站立和倒地之間的動態位置，它不僅能幫助你有效地實施攻擊，而且如果你需要，你還可以用最快的速度站立起身，並擺出有利的站立格鬥架勢，也更利於打完就跑。

　　◀　在膝蓋抵壓住對手上體的情況下，左手可抓住對手的右手腕，右手按壓住其右側胸腔，防止其翻滾身體。同時，左腳全腳掌著地，右腳勾住對手身體右側腰胯位置，腳掌著地，以確保所有體重都傾軋在對手的身軀上。

➡ 在穿著道袍的巴西柔術比賽中，你也可以用一隻手抓住對手的衣領用力下壓，另一手扯住其袖口向外拉扯。無論對手是否穿著道袍，選手實施浮固時都要注意保持自身的平衡和穩定。

● 由側控位轉換到騎乘位的方法

⬆ 地面纏鬥過程中，我佔據上風，對手被動仰躺於地面。我在他的身體右側將其壓服於身下。為了進一步實施攻擊，我準備在此基礎上去搶占騎乘優勢位置。

⬅ 在將對手的後背牢牢地固定在地面上的前提下，我左腳蹬地，使臀髖向上拱起，同時右腿屈膝提起，朝對手腹部上方移動。注意，動作過程中，要將整個身體的重量由左肩壓制在對手的上體上，防止其趁機逃脫。

　　動作不停，左腳繼續向後蹬地，推動身體重心向前移動，帶動右腿由對手腹部上方滑過，直至右腿膝蓋觸及對手身體左側地面。

　　右腿成功跨越對手身軀後，臀髖迅速下沉，及時騎乘在對手的軀幹上，形成對我更加有利的騎乘壓制，令主動權繼續掌控在自己手上。

◀　上文介紹的這種方法用來對付初學地面纏鬥的選手是比較容易達到目的的。但是，實際比賽當中，你的對手往往是經驗上與你旗鼓相當的巴柔老手，他並不會對你的進攻意圖無動於衷，他很可能會利用下肢動作來阻撓你的身體轉換。

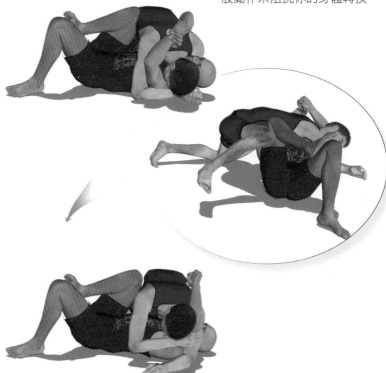

⬆　比如，在我上體向左側扭轉，準備抬起右腿騎跨對手身體時，對手為了抵制我的騎乘，會屈膝提起右腿，用右腳抵住自己的左大腿，以阻止我的動作順利進行。此時，我必須先掃清障礙，然後才能搶佔騎乘上位優勢位置。

⬆　我可以在用左臂控制住對手左臂的前提下，上體略右轉，用右手抓住對手右膝蓋外側，（如果是在穿道袍的比賽中，可以直接抓住他的褲子）用力向下按壓，將其右腿壓制到他的身體左側。

　　注意，在這個動作過程中，左側胸部一定要牢牢地壓住對手的上體，防止其翻滾逃脫。

⬆　掃除障礙後，我迅速躍動身體，抬起右腿，騎跨於對手軀幹之上，由側向壓制順利轉換到騎乘姿勢。

第二節　由側控上位展開的降服技術

　　側位控制其實是一種過渡性的體位姿勢，取得側位控制優勢的目的，並不是壓制住對手後在地面上固定不動。形成壓制後，不要過於僵持，應該藉助上位優勢迅速針對對手的薄弱環節展開進一步的攻擊，比如利用關節技術使對手降服。

　　總之，建立一種優勢姿態、搶佔一種優勢體位的最終目的，還是在此基礎上發動有效的攻擊，制服對手才是我們追求的真正結果。

● 美國鎖

　　◐　地面纏鬥過程中，我佔據上風，對手被動仰躺於地面，我在他的身體右側以側位控制將其壓服於身下。

　　◑　對手出於反抗目的，會用左臂和左手來向上推抵我的脖頸，企圖逃脫我的壓制。

◀ 此時，我可趁機針對對手左臂實施關節降服技。我在用右手控制住對手左臂的基礎上，迅速將左臂由對手脖頸下方抽出，然後扣按住其左臂腕部內側。

▲ 隨即，左手用力向下按壓對手左臂。同時，雙腿以膝蓋為力點向後推撐發力，推動身體向前滑動，以頭部向前下方抵壓其臂肘部位，迫使其左臂貼在地面上。

◀ 成功將對手左臂按壓於他的頭部左側地面後，即可將頭抬起，準備發動進一步的攻擊。

◀ 左手牢牢按壓住對手右手腕，左臂屈肘，肘尖向後抵頂住對手左側脖頸位置，令其無法抬頭、起身。同時，右手伸至自己左手腕部上方。然後右手內旋，扣按住自己的左手腕部，雙手配合將對手左臂肘牢牢鎖定。

➡ 動作不停，上體右轉，左手緊緊控制住對手左手腕，右手配合向後拉收，右小臂向上提拉，撬動對手被鎖手臂肘關節位置，利用槓桿原理可以輕而易舉地令對手左側肩臂產生劇痛，最終以美國鎖迫使對手放棄比賽。

⬆ 實戰中，有時我們可能會遇到身體非常強壯，而且意志極其堅定的對手，他會在極其痛苦的情況下依然與我們頑強抗衡。這個時候，為了儘快結束戰鬥，我們必須採取一些進一步加深對手疼痛程度的動作，來迫使其就範認輸。比如，我可以向右側轉動身體，雙腿伸展開來，分別向兩側交叉擺動（左腳向左前方滑動，右腳向右後方滑動），形成「人」字形狀態。

⬆　然後，右腿快速向上抬起，邁過對手的身體，屈膝落腳於對手左髖關節外側，以腳踝部位別住對手左側臀髖部位，迫使其腰髖部位無法扭動。

⬆　在此基礎上，再度轉動上體，雙臂發力扭轉對手左臂，可令其當即拍墊認輸。

特別提示

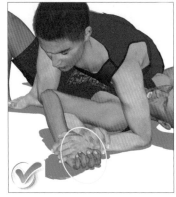

🔼　美國鎖在形成鎖控局面後，右臂向上抬起，可進一步對對手造成創傷，但要注意，抬起手臂的同時，右手一定要將自己的左手腕牢牢地按壓於地面上。否則，如果對手的手腕離開了地面，不僅鎖控的效果會打折，而且可能會給對手創造逃脫與反攻的機會。

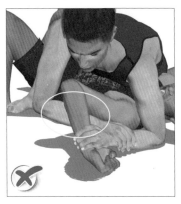

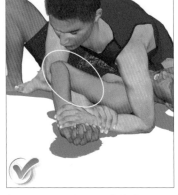

🔼　手臂由對手肘下穿過時，注意位置要準確。正確的位置是肘關節外側靠近大臂部位，右臂向上抬動時，力點也是作用於這個位置。如果從肘關節外側靠近小臂位置穿過，則收不到別鎖的效果，槓桿作用的威力就無法得到充分發揮。

● 木村鎖

⬆ 實戰中，有的時候，當我們成功將對手的手臂按壓在地面上，並準備針對其手臂實施美國鎖時，很可能由於對手反應敏捷，且手臂力量強大，及時地將這條手臂向上抽脫，擺脫了我左手的控制。這種情況下，我們也是有方法可以應對的。

⬆ 當對手的左臂由我左手下方抽出的一瞬間，我迅速將右臂由對手左臂下方抽出，尋機再度用右手去搶抓對手的左臂，為實施木村鎖降服技術尋找機會。

當我發覺對手的左臂逃脫控制後，本能地向下擺動時，我迅速抓住戰機，用右手牢牢地扣壓住對手的左手腕上方，將其按壓在地面上。切勿令其再度抽出，而功虧一簣。

旋即，左手順勢由對手的左大臂下方穿插至自己右手腕上方。

動作不停，左手內旋翻轉，扣按住自己右手腕部，並用力向下按壓，雙臂針對對手左臂形成鎖控之勢。

繼而，身體向左側翻轉，右手用力下壓，左臂肘隨身體的翻轉向上提拉，以小臂撬動對手被鎖手臂的肩關節部位。雙臂協同動作，利用槓桿原理，針對其左臂實施木村鎖降服技術。

⬆ 在針對對手左臂實施關節降服技時，他可能會用右臂攬抓我的腰背，掙扎翻滾躍起。為了進一步加大鎖控力度，我可以在向左側轉動身體的同時，將雙腿伸展開來，分別向兩側交叉擺動，形成「人」字形狀態。

⬆ 然後，在雙臂控牢對手左臂的前提下，抬起左腿。

⬆ 接著，左腿跨過對手頭頸，用左腿膝窩部位勾掛住對手左側脖頸部位，將左腳落步於對手頭部左側上方地面，以達到徹底控制其上身之目的。

🔼 身體繼續向左翻轉，左膝內扣，鎖牢對手脖頸，右腿屈膝前提，以膝蓋抵住對手右肩部位，同時右手用力下壓，左臂肘隨身體的翻轉向上提拉，以小臂撬動對手被鎖手臂的肩關節部位。雙臂協同動作，利用槓桿原理，針對其左側肩關節施加巨大的壓力，令其疼痛，屈服。

第三節　側控下位逃脫技術

測控技術與騎乘勢地面防守技術一樣，也分為上位技術和下位技術兩個層面。

上位選手的優勢是十分明顯的，相對於騎乘勢而言，側向壓制的優勢更容易維持，因為身體著力面積大就意味著穩定性會更強，其攻擊的手段自然會更多一些，選手可以很方便地實施各種降服技術，肆意凌虐對手。

相反，選手一旦被對手從側面壓制住身軀，並且始終處於被壓制的局面中，則是一件很不舒服的事情。

然而，在巴西柔術比賽中，任何選手都不會躺在地面上任人擺佈而無動於衷。處於下位的選手雖然可選擇的主動攻擊手段很有限，但從技術角度來說，側控下位選手需要掌握的技術卻因此豐富了起來。比如，如何防禦來自上

位的各種攻擊，如何及早從劣勢中解脫出來，如何迅速由
下位翻轉到上位，如何抓住對手的破綻、尋找突破口，然
後重新站起來，等等。選手還要經由反覆訓練來熟悉、掌
握這些技術，以便在面對危局時，能夠及時擺脫困境，讓
比賽重新回到自己更擅長的環節中去。

　　總之，作為一名技術全面的巴西柔術選手，必須在熟
練掌握側控上位攻擊技術的同時，兼顧下位防禦與逃脫技
術的強化訓練，以便在地面纏鬥階段能夠取得最終勝利。

　　在本節具體講解側控下位逃脫技術之前，我們首先要
強調的是，作為初學巴西柔術的習練者，必須熟練掌握兩
項地面纏鬥基本功，即「起橋」和「蝦行」動作。這兩個
基本動作在之前講解的騎乘攻防技術一章中，我們已經著
重介紹過，它們是下位逃脫過程中必定要運用的技術，無
論是處於騎乘下位還是側控下位。簡而言之，你對這兩種
技術掌握和運用的嫻熟程度，直接決定你能否成功逃脫。

● 處於側控下位時要注意的事項

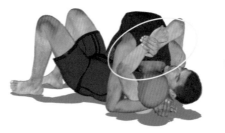

　🔼　當我們處於下位，被對手實施側向壓制時，首先要注意的是，不
要用雙臂去摟抱對手的身體，這是非常錯誤的舉動。這樣做的話，我
們就很難再實施逃脫動作了，會使自己始終處於被壓制的狀態下。而
且，此時我們的雙臂很容易被對手抓住，並成為他的攻擊目標。

　　當我們被對手側向壓制在地面上時，正確的身體反應應該是，儘量與對手拉開距離，為實施起橋、蝦行等逃脫動作創造條件。經驗豐富的巴柔選手會選擇將雙臂彎曲，令肘關節夾持在上體兩側，一條手臂的小臂抵在對手脖頸下方，另一條手臂則抵頂在對手一側腰肋位置上。這樣，有利於雙臂在運用逃脫技術時能夠向上發力，拓展逃脫空間。

　　另外，在身體仰躺狀態下，雙腿擺放的姿勢也很關鍵。像上圖所示這樣，雙腿屈膝，雙腳踏地，就是很被動的姿勢。由於你的下肢過於「乖順」了，使得對手很容易由你的身體側面轉換到騎乘上位，那樣形勢會更加不利於你。

🔼 腿部正確的擺放姿勢應該是，屈膝提起右腿，用右腳抵住自己的左大腿，右腿膝蓋貼靠在對手的右側腰肋處，這樣可以阻礙對手體位轉換動作順利進行。此時，他想由側控位轉換到騎乘位，就必須先掃清障礙，然後才能搶佔騎乘勢上位優勢位置。加大對手動作難度的同時，也為我們及時反應和採取逃脫措施爭取了時間，創造了機會。

● 單肩起橋→蝦行→封閉式防守

🔼 雙方展開地面纏鬥，我被動仰躺於地面，對手跪於我身體右側，他將左臂由我脖頸下方穿過，用右臂攬住我的左臂，上體壓住我的胸部，對我實施側向壓制。

🔼　處於這種體位下，對我來說是非常不利的，必須迅速擺脫這種局面。此刻，我單純地使用蠻力來翻滾掙脫是無濟於事的，這種策略也是巴西柔術最不提倡的。我可以先以左小臂尺骨為力點向上推頂對手的咽喉位置，迫使其向上抬頭，使上身儘量與對手拉開距離，為後續的動作創造一些空間。

🔼　繼而，在上體與對手之間創造出一線空間的瞬間，我左腳用力蹬地，腰髖猛然挺起，臀部瞬間離開地面，身軀驟然向右側翻滾，以右側肩背著地，利用單肩起橋技術破壞對手的身體重心平衡，同時進一步拉開雙方之間的距離。

➡️　緊接著，身體猛然向右扭轉，以右側軀幹著地，左臂用力推撐對手的脖頸，雙腳配合蹬地，將腰胯翻轉並向右後方移動，利用蝦行技術令軀幹和右腿呈 90 度角，使自己進一步拉開與對手的距離。

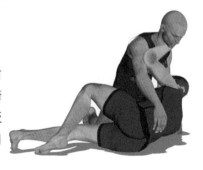

動作不停，我將右腿迅速屈膝抬起，以小腿脛骨部位抵頂住對手的腰腹部位置。

旋即，身體於地面上沿順時針方向擺轉，使右腿儘量向右側移動，直至右腿膝蓋由對手左側腋下穿過。

然後，腰髖於地面上向左側轉動，使臀部向右外側挪動，帶動右腿向對手身體左側移動。

當右腿由對手腹部順利移動到其身體左側時，我將左腳迅速抬離地面，同時雙手攬住對手的雙臂。

⬆　緊接著，在身體擺轉過來後，我抬起左腿，屈膝勾掛住對手右側腰背部位。幾乎同時，再將右腿抬起，屈膝勾掛住對手左側腰背，雙腿形成環狀，雙腳踝勾在一起，將對手腰部牢牢鎖定，從而形成相對有利的封閉式防守姿態。然後，可以用左臂攬抱住對手的右臂，用右臂摟抱住他的後脖頸，將其上體牢牢地控制於胸前。

【要領提示】

　　利用蝦行動作與對手拉開距離的瞬間，就要立即將右腿填入這個空檔裡，將距離的掌控權掌握在自己一方，以免對手再次壓制住我。身體於地面上的擺轉動作，要依靠右腿的抵頂和左腳的蹬踏來完成，動作要流暢、自然。形成封閉式防守姿勢的瞬間，要迅速拉扯對手的上體，縮短彼此間距離，從而使自己處於更加安全的狀態下。

● 翻滾逃脫→抱腿拉摔

⬆ 當我被對手側向壓制住的時候,我採用單肩起橋和蝦行技術與對手拉開距離,然後準備將右腿屈膝抵頂到對手的腹部位置,如上勢那樣擺脫對手的側向壓制,並搶佔有利於自己的體位。

⬆ 但是此時,對手及時做出反應,他將右腿快速向前移動,令雙方的身體距離再度貼近,使我的右腿受到阻礙,無法順利實施動作。

⬅ 　這個時候，我可以採取另外一種逃脫方法來應對當前的局面。當發覺對手右腿抵住我右側身軀時，我迅速將左臂由對手脖頸下方挪開，自其右側腋下穿過，用左手攬住其右大腿外側，右手推按住對手左側腰髖位置。

➡ 　繼而，身體沿逆時針方向翻轉，右腿隨身體的翻轉向身體右後方伸展，使身體由側臥狀態轉換到臉面朝下的趴伏狀態。

⬆ 　動作不停，在身體翻轉過來的一瞬間，雙手同時搶抱住對手的右大腿。

⬅ 緊接著，在雙手摟抱住對手右腿的前提下，身體重心驟然向後上方移動，使臀部向後撅起，雙膝屈膝向前滑動。

➡ 身體重心繼續上提，右腿抬起，右腳向前落步著地，用力蹬踏地面。同時，用頭部擠頂住對手的腹部。

⬆ 動作不停，身體猛然前衝，雙手攬緊對手右腿，用力向右上方提拉。同時，頭部配合手臂和身體的動作，一併向前衝頂，周身協調發力，瞬間可將對手掀翻在地。

➡ 對手被掀翻後，我可以快速移動下肢，將自己轉移到對手身體右側，對其實施側向壓制。

第七章

後背位攻防技術

　　後背位是巴西柔術選手廣泛使用的一個控制位置，同時也是大家公認的一個非常具有優勢的攻擊位置，甚至可以說它比騎乘位更加具有優勢。因為一旦你獲得了這個位置，即我們所說的拿背成功後，對手就很難對你做出任何具有威脅性的動作了。相反，由於你身處對手背後，你對他做出的任何攻擊動作，他都無法洞悉，他的防禦能力自然會衰減。不誇張地講，比賽中，一旦你拿背成功，獲勝的概率就非常大了。

　　這也正是為什麼許多巴西柔術選手格外重視後背位攻防技術的原因所在。甚至，很多選手在比賽當中基本不考慮從其他體位來制服對手，而整場比賽中只專注於拿背，所有動作都是圍繞著這一目標而進行。

　　比如，最典型的，日本選手中村 K 太郎就曾多次利用背後裸絞技術使對手降服；再如，黑帶選手馬塞洛・加西亞甚至因為後背位技術精湛而被粉絲們戲稱為「小書包」。

第一節　後背位基本技術

　　後背位技術，即我們所說的背後控制技術，巴柔粉絲們習慣性地將其喚作「拿背」。那麼怎樣算是拿背成功呢？是不是身體轉到對手背後就算拿背了呢？當然不是那麼簡單。正確的拿背方式是，當你處於對手背後位置時，雙腿由後向前勾住對手雙大腿內側，並用力向下壓制，雙膝夾住其腰髖，胸膛貼住對手後背。同時，右臂屈肘勾攬住對手肩頸，左手由其左側腋下穿過，與右手會合，勾扣在一起，並且頭部貼靠於對手頭部左側。此時，便形成了標準的拿背姿態。

　　當然，雙臂的姿態可以根據需求和個人習慣左右互換，但要注意的是，如果你是用左臂勾攬對手左側肩頸，

⬆ 手臂右上左下的背後控制　　　⬆ 手臂左上右下的背後控制

右手由其右側腋下穿過的話，你的頭部就要貼靠到對手頭
部的右側，這樣你的姿態才會協調，且具有控制力。

● 後背位基本動作要領

⬆　取得後背位控制優勢有兩個關鍵步驟，第一步就是，首先要將雙腿成
功地由後向前勾住對手的雙腿。在巴西柔術比賽中，這是裁判判定你是否
得分的標準。從實戰角度上來說，雙腿勾住對手雙腿的目的，是為了限制
對手下肢的移動能力，所以僅勾住對手的一條腿是沒有任何意義的。

⬆　雙腿勾住對手雙腿後，雙膝要有意識地夾住對手的腰髖，目的是限
制對手的移動能力，在對手移動翻滾時，我們能夠隨之移動翻滾。並且，
在這個過程中雙腿始終對其起到鎖控作用，將主動權牢牢地掌控在自己這
邊。這樣，我們的身體就會像一個書包似的一直貼在對手後背之上，令對
手擺脫不掉，頭痛不已。

⬆　取得後背位控制優勢的第二個關鍵步驟是，雙臂控制對手上
體的方式和動作要準確。正確的方式一定是，一條手臂攬控對手
的肩頸，另一條手臂由其一側腋下穿過，然後會合在一起。絕對
不是用雙臂同時去攬抱對手的肩頸，那樣對手的身體很容易逃脫
出去。更不要雙臂同時由對手兩側腋下穿過，熊抱對手的腰身，
那樣你的控制力雖然得到了提升，但卻很難針對對手的脖頸實施
裸絞一類的攻擊動作了。

　🔼　還有一點需要補充説明的是，在上下肢動作準確到位後，你的頭貼靠對手頭頸的位置也要正確、自然，不要將頭置於對手腦後，也不要「順撇」，一定要用攬抱對手肩頸的手臂和自己的頭夾住對手的頭頸，這樣才能起到牢固控制的作用。

第二節　如何獲取後背位優勢位置

在巴西柔術比賽中，你可以從許多體位上對對手實施拿背技術，由騎乘位、側控位、封閉式防守下位、半防守下位、半防守上位、坐姿防守等體位，都可以比較輕鬆地將身體轉換到對手背後，去取得後背位的控制優勢。

當然，也可以在突破對手的防守姿勢後，順勢控制其後背，如突破龜式防守後實施的拿背技術。

甚至有些時候，在實施一些關節降服技術失敗時，也可以抓住對手反抗動作露出的破綻，趁機去搶佔他的背後位置，比如手臂十字固失敗後實施的拿背技術。成功與否，關鍵是看你能否發現對手的破綻，抓住時機。

事實上，獲取後背位優勢的方式非常多，鑒於本書篇幅所限，本節中僅為大家介紹最常見的由騎乘位拿背的方法，以及拿背失敗後重新返回騎乘位的技術（更多拿背方法的介紹，可參閱後續出版的《圖解巴西柔術系列叢書》）。

● 由騎乘勢獲得後背位置優勢

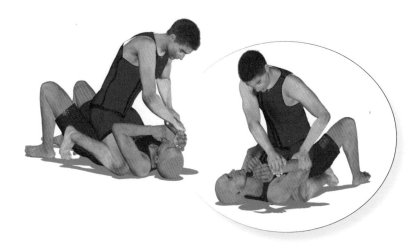

⬆　地面纏鬥階段，我取得了上位優勢，騎乘在對手身軀之上。
對手出於防禦目的，將雙臂屈肘護在胸前。我迅速用雙手抓住對
手右小臂，並用力朝地面上按壓，準備對其實施美國鎖。

⬆　對手察覺我進攻意圖後，會本能地使勁向左側轉動上體，並
將右臂向左側擺動。我在無法順利實施美國鎖的情況下，及時改
變進攻思路，順應對手的動作，順勢用雙手將對手的右臂朝其身
體左側推按。

➡ 在對手右臂橫置於其身體左側的一瞬間，我上體迅速向前俯身，雙手扶撐對手身體兩側地面，用胸部牢牢地壓住其右側肩臂，令其無法再將右臂抽出。

➡ 動作不停，左手抬離地面，屈肘，由對手脖頸下方穿過，抓住對手的右手腕。

⬆ 左手抓住對手右手腕部以後，上體略向後欠身，帶動左手用力向後拉扯對手右腕，使其右臂纏繞住他自己的脖頸。同時，身體向右側轉動，右腿膝蓋抬離地面，右腳踏地，以腳後跟勾住對手腰腹位置，使身體轉換為側騎乘姿勢。

🔼　旋即，在右膝抬離地面後，上體再度前俯，用右臂攬抱住對手左大臂肱三頭肌位置。

◀　在雙臂牢牢地控制住對手雙臂的前提下，身體右轉，重心向左外側移動、下沉，左小腿向內夾緊對手的後背。

🔼　在左側臀部著地的一瞬間，右腳順勢抬離地面，隨身體的右轉而向右側擺動。

⬆ 身體右轉動作不停，迫使對方欠身
坐起。在我臀部完全坐在地面上之後，
右腿也成功由對手身體左側擺動至其雙
腿之間了。

⬆ 緊接著，用右腿勾住對手右腿內側，身體向右側地面傾斜，
整個臀部向左側移動，利用自己身體的重量，帶動雙臂發力，使
對手的身軀與我一併向右側翻轉。此時，我的左腿便自然地由對
手身體右側移動至其身體左側了。左腳蹬地，左膝內扣，以左腿
夾住對手的左側腰髖。

⬅ 接下來，左腳蹬地，左腿抬
離地面，向對手雙腿上方擺動。

⟹　待左腿擺至對手雙腿上方時，迅速下落至對手雙腿內側，並勾住其左大腿內側。

⟸　最後，身體再向左側擺動，坐起來後，右臂攬住對手右側肩頸，左臂自其左側腋下穿過，對其形成背後控制之勢。

● 由後背位轉回到騎乘勢

⟹　地面纏鬥中，我由對手的背後將其纏抱住，雙腿勾住其髖部，右臂攬住其脖頸，左手由其左側腋下穿過，控制住其左臂，形成拿背之勢。

對手被拿背後，並不會因此而放棄比賽，相反還會努力嘗試扭轉身軀來擺脱控制，比如將身軀向左側傾倒、翻滾。

此時一味與之抗衡是不明智的，那樣會浪費很多體力，我可以採取更加穩妥的策略，隨其一併翻滾，去搶佔另一個優勢體位，如騎乘勢。

隨著對手身體向左翻滾的勢態，我將身體由其背後移動到他的身體右側。右臂攬住對手的右臂，右腿橫壓在他的腰身之上，左腿順勢由其身體下方抽出。

➡ 動作不停，我的身體繼續沿順時針方向翻滾，用左臂肘和左膝支撐地面，右腳落到對手身體的左側，使自己後背朝上。

⬅ 緊接著，右腿屈膝跪地，上體直起，成功騎乘到對手的身軀之上。

第三節　由後背位展開的裸絞降服技術

由後背位置可以實施的降服技術並不是很多，基本上以裸絞技術為主。

裸絞技術多是在取得背後控制優勢的前提下發動攻擊的，無論對手仰面朝天還是臉面朝地，都可以由其背後實施。這種技術威力巨大，實用性相當高，它能夠用較小的

力量制服強壯的對手，無論對方技術多麼優秀、意志多麼堅強，面對裸絞時也都只能乖乖就範。

同時，它也是一種危險性極高的降服技術，它會給對手帶來難以忍受的痛苦，嚴重時會造成無法挽救的傷害。因此，往往在對手剛一表現出認輸的舉動時，裁判就會立刻終止比賽。

對於「裸絞」這個概念，筆者個人的理解就是單純用手臂針對對手脖頸實施的絞窒降服技術，是相對於「送襟絞」「十字絞」「片羽絞」「三角絞」等技術而言的，後面這些絞技大多是藉助對手衣服或他的一條手臂來輔助完成勒扼動作，才能實現使對手降服的目的的。

正是鑒於裸絞技術不需要藉助外在因素 明就能夠輕易實施成功這一特點，也使它成為當今最盛行的綜合格鬥比賽中最為常見的一種絞窒技術，成為 MMA 選手必須掌握的最基本的降服技術。

裸絞的使用通常有兩種形式，一種是「血絞」，另一種是「氣絞」，至於具體運用哪種方式效果更好，這要根據對手採取何種防禦姿勢來確定，並非一成不變的。

這裡需特別提醒一下，絞窒技術一旦實施成功，一般都會在極短的時間內令對手呼吸困難，甚至昏厥，極易造成不可逆轉的傷害。

所以，在日常訓練當中要密切注意訓練夥伴的反應，尤其注意安全問題，掌握好分寸，點到為止，避免造成不必要的訓練創傷。

● 最基本的背後裸絞方法（血絞）

→ 地面纏鬥中，我由對手背後成功控制住對手的身軀，雙腿由後向前勾住對手的雙腿內側。同時右臂屈肘勾攬住其肩頸，左手由其左側腋下穿過，與右手會合，勾扣在一起，並且頭部貼靠於對手頭部左側，形成了標準的拿背姿態。

← 發動攻擊時，上體向左轉動，將右肩儘量朝對手右肩前方移動，右手鬆開左臂，右臂屈肘夾鎖住對手脖頸，使肘窩卡住對手的咽喉部位，大小臂分別貼在對手脖頸兩側。右手順勢扣按住對手左側肩頭。

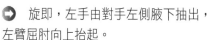

→ 旋即，左手由對手左側腋下抽出，左臂屈肘向上抬起。

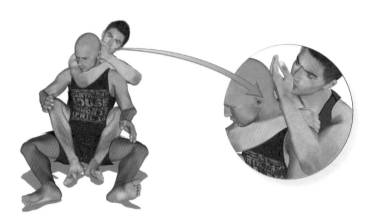

⬆ 繼而，我將左臂內旋，使左手手心朝內，並向右側移動，將左手穿插至對手腦後。

➡ 當我左手完全伸至對手腦後的一瞬間，右手迅速由對手左側肩頭抬起，順勢扣抓住自己左臂肱二頭肌位置。

⬅ 緊接著，左手內旋，用手掌扣按住對手後腦勺。同時頭部向右側傾斜，以頭部右側抵壓住左手背。

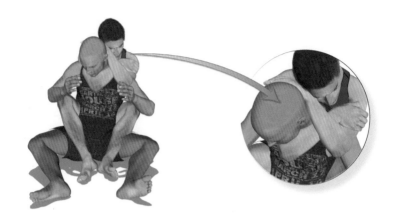

⬆　然後，雙臂屈肘，用力收緊，並使兩個肘尖有意識地向中間併攏、下壓，以右側大小臂為力點分別由外向內擠壓對手脖頸兩側頸動脈。同時，左手和頭部一併向下壓制對手的後腦位置。這樣的攻擊動作持續不了多久，對手就會因大腦供血不足而暈厥，此即所謂「血絞」。

● 另一種常用的背後裸絞方法（氣絞）

➡　實戰中，有的時候，在我準備用右臂勾鎖對手脖頸時，對手反應比較敏捷，他發覺我的進攻意圖，及時用雙手拉扯住我的右臂，使我無法順利地勾住他的脖頸，右手也無法扣搭在其左肩上。這樣一來，我就沒辦法如上勢那樣對其脖頸實施裸絞（血絞）了。我們可以採取另外一種形式的絞扼技術來對付他。即利用右小臂尺骨為力點橫勒住對手的咽喉部位，對其實施氣絞，使其呼吸困難，同樣能夠達到使對手降服的目的。

　首先，右臂用力屈肘，使右小臂尺骨勒在對手咽喉位置上。同時左手由對手左側腋下抽出，向上抬起，伸至對手左肩前方，與自己右手會合，雙手扣握在一起。

　繼而，左小臂擔在對手左側肩頭之上，左肩下沉，左肘下壓。同時，頭部向前抵住對手後腦，雙手握緊用力向後拉扯，即可令其呼吸困難，拍墊認輸。

● 控制對方手臂後展開的裸絞降服技術

　拿背後如果能夠順利地展開裸絞攻擊，那麼我們就會有極大的獲勝概率了，但是，由於巴柔選手大多會耗費大量的時間去學習降服技術及針對各種降服技的逃脫與防禦方法。因此當對手是一名久經戰陣的高手時，要想成功對其實施背後裸絞，也並不容易，我們還需懂得如何應付對手的反抗動作，掃清障礙。比如，當對手先於我的動作，及時抬起了一條手臂來阻擋我的圈頸手臂，我該怎麼辦？

為了解除對手的阻擋，我可以在用右手控制住對手右臂的前提下，用左手抓住他的左臂，朝他左大腿內側推送，然後立即用左腿將其勾住。

掃清障礙後，就可以依次放開左手與右手，輕鬆地實施背後裸絞了。

我用左臂勾住對手的脖頸，右臂配合左臂，一併鎖定對手的頭頸，然後雙臂同時發力、收緊，令其呼吸困難，而不得不拍墊認輸。

第四節　逃脫後背位控制

在巴西柔術比賽中，一旦被對手成功實施拿背，想要逃脫是件很困難的事情，尤其當對手的技術水準與你相當時，逃脫的概率非常小。如果再被對手成功實施了裸絞，那麼對手就會獲勝。

唯一的方法就是不要被對手成功搶佔到背後位置，也就是說儘量使對手的拿背動作無法完全成型。比如，使對手的雙腿無法順利勾住你的雙腿，或者使其雙臂無法攬抱住你的上體。其實，這些方法都是針對拿背的防禦措施，還是那句話，一旦對手的動作成型了，你基本上就會輸掉比賽。

所以說，如果你不想被對手從背後制服，就應該具備敏銳的洞察力和敏捷的反應能力，及時發覺對手的拿背意圖，果斷實施應對策略，防患於未然。

● 最基本的逃脫方法

● 實戰中，當對手繞到我身體背後，並將其雙腿向前勾掛住我雙腿內側時，我應該立刻意識到對手的意圖是要對我實施拿背技術。這一刻我立即進行逃脫是來得及的，因為對手的一條手臂還沒有攬住我的脖頸，另一條手臂也沒有由我一側腋下穿過，也就是說他的拿背動作還沒有完全成型。

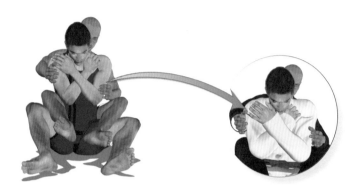

⬆ 這個時候，我首要完成的動作是，保護住自己的脖頸和腋下，使其不露出空檔，不給對方留有可乘之機。具體動作就是，迅速將右臂屈肘，用右手扣按住自己左側肩頸位置，左臂也屈肘，左手扣按住自己右側肩頸位置。同時，雙臂向內夾緊，脖頸收縮，低頭含頸。如果選手是在穿著道袍的情況下，我可以用右手攥住對手道袍左側衣領，這樣的防禦效果會更好。這樣一來，對手的手臂就很難控制我的脖頸或者衣領了，他也無法順利地將手臂由我的腋下穿過，更談不上實施裸絞和送襟絞之類的降服技了。

⬆ 在做好脖頸和腋下的防護措施後，臀髖立即向前下方大幅度滑動，使自己身體的體位降低，近似於平躺。

⬆ 動作不停，我右腿猛然向前下方展膝蹬直，即可輕鬆擺脫對手右腿對我右腿的勾掛。

緊接著，右腿屈膝回收，右腳踏地，儘量接近臀部位置。

旋即，在雙臂屈肘夾緊的前提下，右腳用力蹬地，推動身體驟然向左側翻滾。

身體繼續向左側翻滾，雙腿屈膝跪於對手左腿之上，自然擺脫了對手左腿的勾掛，即可成功逃脫對手的背後控制，並轉換到有利於我的位置上。

● 扳腿挪臀逃脫→側向壓制

◀ 地面纏鬥過程中，我臀部著地呈坐姿。對手位於我背後，雙腿勾掛住我雙側髖部，雙腳置於我雙腿內側。同時，對手右臂屈肘，勾攬住我的右側脖頸，左臂則屈肘自我左側腋下穿過，與右臂勾在一起，雙臂合攏，抱緊我的身體，從而形成對我不利的拿背姿態。在這種極為被動的狀態下，我可迅速低頭收緊下頜，同時用雙手拉扯對手的右臂，以緩解其勒扼力度，防止其以裸絞技術將我制服。

⬆ 要想徹底破壞對手裸絞攻擊的意圖，我必須快速擺脫對手的背後控制。在右手牢牢拉扯住對手右臂的前提下，我以左手抓住他的左腳後跟，並用力將其拉扯至我的左腿外側，從而破壞其下肢對我的勾鎖。

⬆　將對手左腿扳拉至我左腿外側後，左手用力將其按壓於地面上。然後，雙腳蹬地，臀部向上抬起，順勢將臀髖由對手兩腿內側移動到其身體左側。

⬅　當我臀部移至對手左腿外側的一瞬間，身體猛然向右翻轉，左手順勢推開對手摟抱我腰身的左臂。

➡　身體翻轉動作不停，雙膝跪地呈臉面朝下狀態，雙手手掌支撐地面，脖頸順利掙脫對手右臂的控制。

🔼 旋即，左臂屈肘摟抱住對手右側大腿及臀部，同時右臂屈肘摟抱住對手脖頸，上體前伏，重心前移，以胸部牢牢地壓制住對手的上體，從而取得側位控制的優勢位置。

● 抻臂扳腿逃脫→側向壓制

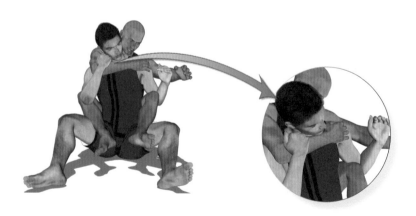

🔼 地面纏鬥過程中，我臀部著地呈坐姿。對手位於我背後，雙腿勾掛住我的雙側髖部，雙腳置於我雙腿內側。同時，對手右臂屈肘繞過我的腦後，勾攬住我的右側脖頸，並揮動左臂準備針對我脖頸實施裸絞降服技術。我迅速低頭，收緊下頜，用右手拉扯對手的右臂，以緩解其勒扼力度，同時抬起左手阻擋對手左手的動作。

🔼　旋即，迅速用雙手抓握住對手左手腕部，用力將其朝頭部上方拉起。

🔼　動作不停，雙手攥緊對手左手腕部，使勁向頭頂右側拉扯，脖頸順勢向左側歪斜，令頭部由對手左側腋下繞至其左大臂外側。

⬆ 頭部順利逃脱後，雙手用力向右下方拉扯對手左臂，將其扛在我右側肩頭之上。

⬆ 然後，左手放鬆對對手手腕的抓握，改抓住對手的左腳踝，並用力將其向身體左側拉扯，將其成功扳拉至我的左腿外側，繼而左腿屈膝內收，以腳掌著地。

● 旋即，左腳用力蹬地，推動身體驟然向右側翻滾。

● 身體向右側翻轉動作不停，使自己由對手背後控制中成功逃脫出來，並順勢撲壓對手的上體，令其身體傾倒在地，對其實施側位控制。

【要領提示】

　　雙手抓握對手左手的動作要及時、牢固，控制住對手的手腕後要迅速將其向頭頂上方拉扯，並儘量將對手的肘關節伸直。左手將對對手左腳拉扯到我左腿外側的瞬間，左腿要立即屈膝立起，防止對手左腿再次勾進來，同時右手要始終攥緊對手左手腕，並向下拉扯，從而用右肩擠別其左臂肘關節。一旦破壞了對手的背後控制，就要在第一時間翻轉身軀，搶佔對自己有利的位置，切勿遲疑。

附錄：
巴西柔術常用術語中英文對照表

	英 文	中 文
	Americana	腕緘
	Anaconda Choke	蟒蛇絞
	Ankle Lock	腳踝鎖／踝固／跟腱固
	Armbar	手臂十字固
A	Arm Drag	拖臂／托臂摔
	Arm Lock	鎖臂
	Arm Throw	抓手過背摔
	Arm-Triangle Choke	手臂三角絞
	Ankle Pick	扣腿
	Back Control	背後控制
	Banana Split	股裂／髖關節鎖
	Bicep Slicer	夾臂固／胡桃鉗
	Body Lock	熊抱／身體鎖抱
	Body Triangle	軀幹三角鎖
	Brazilian Jiu-Jitsu	巴西柔術（簡稱 BJJ）
B	Break Posture	破勢
	Buck Up	起橋
	Butterfly Guard	蝴蝶防守
	Bump Sweep	挺腰翻轉
	Butterfly Sweep	蝴蝶翻轉／蝴蝶掃
	Bump	挺腰
C	Calf Slicer	夾腿固／胡桃鉗

	英　文	中　文
C	Catch Wrestling	擒捕式摔跤
	Cauliflower Ear	餃子耳／菜花耳
	Cervical Lock	頸鎖
	Chokes	絞技
	Cross Choke	十字絞／X 形絞
	Clinch	纏抱
	Clinch Fighting	纏鬥戰術
	Close Guard	封閉式防守／全防守
	Control Positions	優勢位置
	Crucifix	十字架壓制
D	Darce Choke	德阿奇撒絞
	Deep Half Guard	深入型半防守
	De La Riva Guard	德拉西瓦防守／勾腿防守
	Double Heel Sweep	雙踵翻轉
	Double Leg Takedown	抱雙腿摔
	Drill	訓練
	Duck Under	從臂下鑽過搶前
E	Escape	逃脫
F	Fifty–Fifty Guard	50／50 防守
	Figure–4 Armlock	「4」字形手臂鎖
	Fireman's Carry	肩車
	Freestyle Wrestling	自由式摔跤
G	Gi	道服／道袍
	Gracie Family	格雷西家族
	Grapevine	纏腿控制
	Grappling	纏鬥
	Greco–Roman Wrestling	古典式摔跤

	英 文	中 文
G	Guard	地面防守
	Guillotine Choke	斷頭臺
H	Half Guard	半防守
	Head and Arm Throw	夾頭過肩摔
	Heel Hook	足跟固
	High Crotch	側提腿摔
	Hip Toss	背投
I	Inside Trip	內割／內刈
	Inverted Guard	反向防守
K	Kata Gata Me	肩固
	Keylock	腕緘（同 Americana）
	Kimura	木村鎖
	Kneebar	膝固
	Knee on Belly	浮固／膝抵／膝壓制
	Knee Tap	搭膝
	Knee Through Pass	滑膝突破
L	Lapel Choke	裾絞
	Large Hip Throw	掃腰
	Leglock	腿鎖
	Level Change	下潛
	Locks	關節技
M	Mixed Martial Art	綜合格鬥（簡稱 MMA）
	Mount	騎乘位／騎乘勢
	Mounting	騎乘壓制
	Mount Escape	逃脫騎乘
N	Neck Crank	折頸
	North South Choke	南北絞

	英　文	中　文
N	North South Position	南北式壓制／上四方固
	Neck Crank	頸關節技
	No-Gi	無道袍
O	Octagon	八角鐵籠
	Omoplata	肩胛固／三角緘
	Open Guard	開放式防守
	Outside Trip	外割／外刈
	Overhook	上閂／上圈臂
P	Pass	突破技巧／過腿
	Peruvian Necktie	秘魯領帶絞
	Post	用手支撐
	Posture	地面上位姿勢
	Posture Up	恢復上位
	Pull Guard	拖拉式防守
	Pummel	扭纏
	Puppet Guard	傀儡防守
R	Rear Naked Choke	裸絞
	Reversal	翻轉
	Rubber Guard	橡膠式防守
S	Scarf Hold	袈裟固
	Scissor Sweep	剪刀翻轉／剪刀掃
	Shift Guard	移動式防守
	Shrimping	蝦弓、蝦行
	Side Control	側位控制／側向壓制／橫四方固
	Side Mount	側騎乘式
	Single Leg Takedown	抱單腿摔

	英　文	中　文
S	Sit Guard	坐式防守
	Sit-Out	胯下翻轉
	Spider Guard	蜘蛛式防守
	Sprawl	下壓防摔
	Stack Pass	壓腿突破
	Stand-Up Pass	站立突破
	Stalemate	地面僵局
	Straight Foot Lock	直腿踝固
	Submission	降服
	Submission Grappling	降服戰術
	Suplex	後翻投／過橋摔
	Sweep	掃翻／掃技
T	Takedown	扭倒抱摔
	Tapout	拍墊認輸
	Throw	投技
	Toe Hold	腳趾固
	Triangle Choke	三角絞
	Turtle	龜縮防守
	Two on One	雙手鉗
U	Ultimate Fighting Championship	終極格鬥賽（簡稱 UFC）
	Underhook	下鬥／下圈臂
W	Whizzer	離心扣
	Wrestling	摔跤
	Wristlock	腕關節鎖
X	X-Guard	X 形防守

綜合格鬥制勝法寶：巴西柔術

編著者｜張　　海

責任編輯｜徐　俊　杰

發 行 人｜蔡　森　明

出 版 者｜大展出版社有限公司

社　　址｜台北市北投區（石牌）致遠一路 2 段 12 巷 1 號

電　　話｜（02）28236031·28236033·28233123

傳　　真｜（02）28272069

郵政劃撥｜01669551

網　　址｜www.dah-jaan.com.tw

電子郵件｜service@dah-jaan.com.tw

登 記 證｜局版臺業字第 2171 號

承 印 者｜龍岡數位文化有限公司

裝　　訂｜佳昇興業有限公司

排 版 者｜弘益企業行

授 權 者｜山西科學技術出版社

初版 1 刷｜2022 年（民 111）12 月

定　　價｜350 元

綜合格鬥制勝法寶：巴西柔術／張　海 編著　——初版
——臺北市，大展出版社有限公司，2022〔民 111 .12〕
　　　面；21 公分——（格鬥術；10）
ISBN 978－986－346－406－8（平裝）

1.CST：武術

528.97　　　　　　　　　　　　　　　　111018142

大展好書　好書大展
品嘗好書・冠群可期